Éxodo y Kabbalah

Éxodo y Kabbalah

Z'ev ben Shimón Halevi

EDITORIAL
PAX
MÉXICO

EL LIBRO MUERE CUANDO LO FOTOCOPIAN

Título original de la obra: *Kabbalah and Exodus*
Publicado por Kabbalah Society, Tree of Life Publishing, Londres

COORDINACIÓN EDITORIAL: Matilde Schoenfeld
CUIDADO DE EDICIÓN: Sagrario Nava
TRADUCCIÓN: Cristina Harari y Julieta Harari, de la Escuela de Traductores de Kabbalah Society
PORTADA: Luis R. Vargas y González

© 1980 Warren Kenton
© 2013 Editorial Pax México, Librería Carlos Cesarman, S.A.
Av. Cuauhtémoc 1430
Col. Santa Cruz Atoyac
México DF 03310
Teléfono: 5605 7677
Fax: 5605 7600
editorialpax@editorialpax.com
www.editorialpax.com

Primera edición
ISBN 978-607-7723-20-2
Reservados todos los derechos
Impreso en México / *Printed in Mexico*

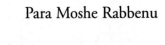

Para Moshe Rabbenu

Índice

Índice de ilustraciones

Ilustración 1. Zarza ardiente. Moisés en un momento de iluminación, un instante que cualquier individuo puede experimentar y que casi siempre se trata de una experiencia que reta el modo de vivir. Para Moisés fue el llamado a cumplir con la misión para la cual había sido entrenado, aunque él no lo supiera de antemano. Su decisión de aceptar o no el reto consistió en un acto de libre albedrío. Cada uno de nosotros debe enfrentar una crisis en algún momento que será determinante para nuestro sino (Biblia Banks, siglo XIX).

Prefacio

Se ha dicho que las escrituras contienen el secreto de la Existencia. Sin embargo, no son muchas las personas que lo perciben porque, sin la llave del conocimiento esotérico, no pueden ver más allá del significado simple de las palabras. Dicho conocimiento, llamado *Hokhmah Nestorah* o sabiduría oculta, transmitido en forma oral a lo largo de la historia, desde Abraham hasta hoy día, es el marco esotérico en que está basada la Biblia. Sin ese marco oral sería imposible comprender la intención divina, la construcción del Universo y el propósito de la humanidad. Por tanto, cuando las líneas oral y escrita se entretejen, como en la presente obra, la historia del *Éxodo* se convierte en una analogía individual del escape de la esclavitud física del cuerpo, representada por Egipto, y la lucha del alma con la esclavitud psicológica en el desierto, conforme se hace el esfuerzo por alcanzar la tierra prometida del Espíritu. En los relatos bíblicos, talmúdicos y kabbalísticos, acerca del viaje externo de los israelitas, que incluye tanto el drama cósmico como el individual, se revelan las etapas internas de iniciación, de prueba y de rebelión que condujeron a comprender el secreto de la Existencia como espejo en que el ser humano refleja la imagen de la Divinidad para que Dios pueda contemplar a Dios.

Londres, primavera de 5738

Frontispiece of Passover Haggadah printed in Amsterdam, 1695.

Ilustración 2. Haggadah. Este libro acerca de la Pascua contiene la ceremonia para celebrar el Éxodo. Cada participante debe sentir que en realidad está presente en esa época. De acuerdo con la Kabbalah, ciertos individuos pueden ser almas viejas que, de hecho, tomaron parte de ese acontecimiento, ya que la Tradición admite la idea de la reencarnación. Esto es llamado *Gilgul* o Rueda de la vida y la muerte. Note el lector las *sefirot* en esta imagen (Holanda, siglo XVII).

Introducción

La leyenda judía antigua dice que la *Torah* o enseñanza existía antes de la Creación y que Dios la consultó antes de crear el Universo. Esa época, antes de la Creación, es parte de la tradición oral no incluida en el canon de la Biblia y, por tanto, por lo general no es conocida fuera del círculo esotérico o de los estudiosos.

La línea oral continúa diciendo que cuando Adán fue expulsado del Edén, Dios tuvo compasión de él y envió al arcángel Raziel, cuyo nombre significa "los secretos de Dios", para entregarle un libro. Ese volumen, llamado el libro de Raziel, contenía todos los secretos de la Existencia. Por medio de éste Adán no sólo podía entender por qué existían él y el Universo, sino cómo redimir su caída y completar su destino.

El libro de Raziel fue heredado a Set, su hijo, y luego a Enoc y más tarde a Noé. Desde entonces fue transmitido al ungido de cada generación hasta que su contenido fue dado a Abraham, cuando fue iniciado por Melquizedec. Ese Conocimiento fue transmitido a Isaac, luego a Jacob, quien lo otorgó a Leví. Moisés el levita llevó la chispa del Conocimiento hasta que éste estalló en llamas ante la zarza ardiente. Después de la revelación en el Monte Sinaí, donde a Moisés le fue dada la *Torah* completa, la enseñó a los ancianos de Israel, quienes la han impartido desde entonces hasta hoy día.

Cuando la *Torah* llegó a ser escrita (en la época de Moisés, según la tradición), la enseñanza fue dividida en lo que llamaron leyes escritas y orales. Las primeras se convirtieron en la base de la Biblia y las últimas, la parte subyacente de lo que llegaría a ser conocido como los comentarios del *Talmud*. El esbozo de la Biblia fue una operación esotérica de varios siglos que requirió gran conocimiento y habilidad literaria para que el texto pudiera contener la Enseñanza en lo que ahora parece ser una colección de mitos, sagas familiares y tribales, así como leyes y poemas. Para las personas con sentido común, la Biblia es la historia del mundo y del pueblo hebreo; para quienes la ven como alegoría, es la analogía de la evolución cósmica e individual, y para quienes tienen una percepción filosófica, la Biblia establece el esquema metafísico de la Existencia y las leyes que gobiernan el desarrollo espiritual de la humanidad.

El *Talmud* es una vasta biblioteca rabínica de material bíblico y sagrado no incluido en la *Torah* escrita. Ahí están contenidas las normas derivadas de la ley canónica en forma de relatos, así como consejos prácticos y éticos, además de algunos fragmentos de conocimiento esotérico, como huellas de lo que aún permanece en la tradición oral. Esa línea de sabiduría oculta ha sido transmitida de maestro a discípulo durante siglos, produciendo diferentes versiones de la Enseñanza apropiadas para el tiempo y el lugar. Sin embargo, la mayoría de las presentaciones están relacionadas con las escrituras, porque la Biblia es considerada la fuente de toda la literatura mística, en especial la que llegó a conocerse como el estudio de *Pardes*, término compuesto por las letras iniciales de las palabras en hebreo de la interpretación literal, alegórica, metafísica y mística de la Biblia. El enfoque místico se encuentra en el libro del *Zohar,* obra kabbalística clásica producida, según se cree, por los estudiosos de la España medieval. El presente libro sigue la misma tradición de *midrash* o investigación, en cuanto a que examina un texto bíblico en términos de la teoría kabbalística, la leyenda antigua y el conocimiento contemporáneo para encontrar lo que los escribas ocultaron en el libro de *Éxodo*.

Ilustración 3. Creación. En la Kabbalah, los Siete Días marcan la segunda fase de manifestación conforme se desenvuelve la Existencia. El simbolismo representa los arquetipos de los cuatro elementos y los habitantes de los Mundos que llegarían a existir. Éste es el nivel del Espíritu, esencia de lo que corresponde al ámbito de las ideas según Platón. Arriba y más allá se encuentra el Mundo Divino mientras que abajo estarían los Mundos de la forma y la materia. La Creación se halla donde el Tiempo y el Plan divino emergen de la Eternidad (Biblia Banks, siglo XIX).

Nota editorial

Si bien la transcripción fonética de los nombres en hebreo que aquí aparecen corresponde a la fonética sajona y no a la española, hemos optado por conservarla por ser parte de una tradición que define escuelas según la transcripción de los nombres. Para el lector no familiarizado, incluimos una lista con su transcripción fonética española.

Traducción	Nombres como aparecen en el libro	Pronunciación
Vasija	Sefirah	Sefirá
Plural de vasija	Sefirot	Sefirot

Nombres de las diferentes sefirot:

Corona	Keter	Keter
Sabiduría	Hokhmah	Jojmá
Entendimiento	Binah	Biná
Conocimiento	Daat	Daat
Misericordia	Hesed	Jesed
Juicio	Gevurah	Guevurá o G'vura
Belleza	Tiferet	Tiferet
Eternidad	Nezah	Netzaj
Reverberación	Hod	Jod
Fundamento	Yesod	Yesod
Reino	Malkhut	Malcut

Distintos niveles de alma:

Alma natural	Nefesh	Nefésh
Alma humana	Neshamah	Neshamá
Espíritu	Ruah	Ruaj

Traducción	Nombre como aparecen en el libro	Pronunciación
Los cuatro mundos:		
Mundo de acción	Asiyyah	Asía
Mundo de la formación	Yezirah	Yezirá
Mundo de la emanación	Azilut	Atsilut
Mundo de la creación	Briah	Bria
Mundos incompletos	Edom	Edom
Nada Absoluta	Ayin	Aín
Todo Absoluto	En Sof	En Sof
Presencia divina	Shekhinah	Shejiná
Primeros cinco libros del Antiguo Testamento	Torah	Torá
Redención	Teshuvah	Teshuvá
Maestros internos	Maggidim	Maguidim
Morada de la Presencia divina	Miskan	Miscán
Candelabro de siete brazos	Menorah	Menorá
Piedra angular del mundo	Shetiyah	Shetiyá
Limitación	Mitzraim	Mitsraím
Carroza del mundo de la Formación	Merkabah	Mercabá
Interpretación	Midrash	Midrash
Sabiduría oculta	Hokhmah nestorah	Jojmá nestorá
Temor basado en la justicia divina	Pehad	Pejad

Israel = nivel espiritual de la raza humana
Metatrón = arcángel de la Presencia
Talmud = comentarios, leyes orales y leyendas acerca de la Biblia

Ilustración 4. Orígenes. De acuerdo con la Kabbalah, la Deidad se encuentra más allá de la Existencia. Para que Dios pudiera contemplarse a Sí mismo tuvo que existir un espejo, el cual apareció cuando el Absoluto generó un espacio para permitir la Existencia. Las tres palabras en hebreo indican la Nada Absoluta y el Todo Absoluto de Dios. El fuego de la Voluntad divina rodea los Diez Números Santos que surgen en un orden particular. Esos Principios divinos gobernarían los tres Mundos que con el tiempo emergerían de este ámbito primigenio de lo Eterno (Profesor James Russell, siglo xx).

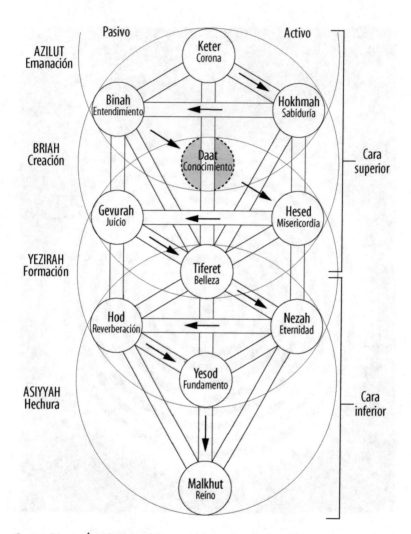

Ilustración 5. Árbol de la vida. Las diez *sefirot,* como es llamado el conjunto de esferas, aparecen en el diagrama básico llamado el Árbol de la vida. Los veintidós senderos con letras del alfabeto hebreo las unen de manera específica. Junto con los pilares forman el sistema metafísico de la Kabbalah, el cual contiene siete niveles, una serie de triadas y lo que es conocido como el Rayo Luminoso. El Árbol también contiene los orígenes de los cuatro Mundos: el de la Emanación, de la Creación, de la Formación y de la Creación. Las traducciones son meras aproximaciones ya que cada *sefirah* representa numerosos aspectos (Halevi, siglo xx).

Esquema kabbalístico general

De acuerdo con la tradición, nada existía más allá de Dios. Para la Kabbalah, la Divinidad es el *AYIN* o la Nada Absoluta y el *AYIN SOF*, el Todo Absoluto. Poco puede añadirse, ya que Dios es Dios y, por tanto, está en completa soledad y más allá de la comprensión humana. La tradición oral nos dice que por tal motivo, Dios quiso contemplarse y ser conocido, de modo que el espejo de la Existencia fue llamado y la imagen del ser humano colocada dentro.

Dicho proceso ha sido descrito de manera simbólica de las siguientes formas. De en medio del Absoluto emergió un vacío, un punto sin dimensión conforme la deidad se retiró para permitir un espacio donde la Existencia pudiera darse. De acuerdo con algunos estudiosos, en tal espacio fueron enunciados diez pronunciamientos divinos que llamaron a la Existencia. Otros ven esta acción como la proyección de la Voluntad divina en forma de luz, que emanó en diez etapas a partir del infinito hacia lo finito. De modo sucesivo, tal emanación definió los diez atributos divinos, que juntos conforman la imagen de la manifestación de la Divinidad y son llamadas *sefirot*, instrumentos mediante los que la Existencia es gobernada. Algunos místicos consideran dicha imagen igual a la del ser humano primordial, Adán Kadmón; otros relacionan los diez atributos de manera esquemática, con un diagrama conocido como el árbol de la vida. También han sido considerados una serie de vestimentas de luz que ocultan a la deidad y otros más los han llamado la Gloria de *ELOHIM*.

3

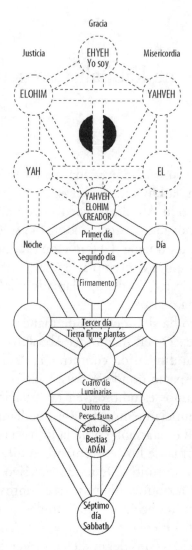

Gracia

Justicia

EHYEH
Yo soy

Misericordia

ELOHIM

YAHVEH

YAH

EL

YAHVEH
ELOHIM
CREADOR

Noche

Primer día

Día

Segundo día

Firmamento

Tercer día
Tierra firme plantas

Cuarto día
Luminarias

Quinto día
Peces, fauna

Sexto día
Bestias
ADÁN

Séptimo
día
Sabbath

Ilustración 6. Separación. El Mundo de la Creación surge del corazón del Reino divino, el lugar del Creador. El título santo es una combinación de los dos nombres de Dios a la cabeza de las dos columnas. A partir de ahí llegan los siete niveles espirituales en descenso que después serían los siete Cielos. En este esquema están representados el Universo espiritual y sus habitantes. El séptimo día cósmico ocurre cuando descansa la octava de la Creación (Halevi, siglo XX).

La primera manifestación de la Existencia es llamada en hebreo *Azilut*, que significa "estar cerca de"; también es el mundo de la Emanación, y es considerado el reino perfecto y perenne de la eternidad que precede a la Creación. En ese lugar siempre está en potencia todo lo que será llamado, creado, formado y hecho.

Así será hasta que la Divinidad quiera que la eternidad sea de nuevo disuelta en la nada, o desee que la creación dé inicio al proceso que no terminará hasta el fin de los días, cuando Adán, la imagen de Dios, mire de frente y regrese de nuevo a la Divinidad.

Con las primeras palabras en *Génesis*: "En un principio ELOHIM creó...", el desenvolvimiento de la manifestación da el siguiente paso para producir los tres mundos inferiores que emergerán del ámbito de la eternidad para llegar al tiempo y al espacio. En el hebreo original, el uso de un nombre en plural indica la presencia activa de los atributos divinos de *Azilut* conforme hacen surgir un segundo mundo durante siete días o etapas de manifestación creativa. En ese capítulo de *Génesis,* el universo es separado del mundo de la Divinidad y llenado con diferentes habitantes. La última criatura que será hecha es el segundo Adán que será "hecho a nuestra imagen", según relatan las escrituras. En el último día de la Creación, ELOHIM descansa habiendo completado el mundo cósmico de *Briah*, como es llamado en la Kabbalah. Dicho mundo es visto como la contraparte espiritual del mundo divino de la Emanación de arriba, y constituye un segundo Árbol más abajo. El segundo capítulo de *Génesis* sigue con la descripción de la siguiente etapa de manifestación conforme se aparta de su fuente en el infinito y del mundo radiante de las *sefirot*.

Un tercer mundo (o Árbol), conocido en la Kabbalah como *Yezirah,* emerge entonces de la Creación, indicado por el término "formado" utilizado en *Génesis 2:6,* cuando YAHVEH ELOHIM, o el misericordioso y justo Dios, llamado mi Señor, Dios, *da forma* al ser humano o *ha Adam,* a partir del polvo y le da un alma viva, al exhalar en su nariz. De ahí parten los conceptos de los kabbalistas acerca de los aspectos invisibles de un ser humano. En nuestro esquema utilizamos el término *espíritu* para designar aquello que se relaciona con el mundo celestial de la Creación y *alma* para el mundo formativo del Paraíso o Edén. A partir de Adán surgió Eva; es decir, la parte masculina y femenina del Adán de la Creación fueron separados y como dos entidades habitaron el Edén, donde disfrutaron, además de los placeres del jardín, del privilegio del libre albedrío. Dice la tradición que sólo la humanidad posee el regalo del libre albedrío porque fue hecha a imagen de Dios, que le concedió tal privilegio. Sin embargo, elegir forma parte del libre albedrío y, por tanto, también enfrentar las consecuencias, situación evidente después de que Adán y Eva ignoraron la instrucción de no comer del árbol del Conocimiento, que representaba la presencia del mundo de la Creación en el Edén. Cuando Adán y Eva comieron la manzana tomaron posesión del conocimiento creativo, y su enorme poder sobre el bien y el mal. Más aún, eso les dio acceso al árbol de la vida, es decir, a los mundos superiores. Esto es confirmado en *Génesis 3:22,* cuando YAHVEH-ELOHIM dice que si comieran del árbol de la vida, el hombre y la mujer se convertirían "en uno de nosotros" y vivirían "para siempre", y que su estado de irresponsabilidad podría representar un peligro para toda la Existencia. De ahí que Adán y Eva fueran desterrados del Edén a un cuarto mundo donde se les dieron pieles de animal y con las que, como almas encarnadas, todos utilizamos hoy día.* A este reino más bajo se le denomina *Asiyyah* o mundo de la Acción y está representado en el libro de *Génesis* por los cuatro ríos

---

* Para mayor información, vea el libro del autor *El universo de la Kabbalah,* publicado por Editorial Pax México, 2ª ed., 2005.

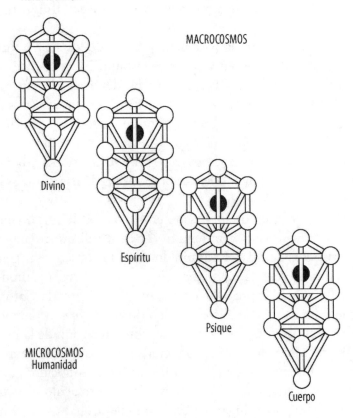

Ilustración 7. Cuatro mundos. La totalidad de la Existencia está representada en la forma de cuatro universos y los distintos niveles en un ser humano. Éstos se hallan separados pero se traslapan para interactuar. Por tanto, la parte inferior de un Mundo se relaciona con la sección superior del Cosmos inferior. De acuerdo con la Kabbalah, la Biblia puede interpretarse de manera literal, alegórica, metafísica y mística, según el nivel (Halevi, siglo XX).

que fluyen del Edén, representando los cuatro principios: Emanación, Creación, Formación y Acción en el nivel físico de la Existencia.

Las escrituras son la base del concepto de los cuatro mundos presente no sólo en *Génesis,* sino también en la visión de Ezequiel (*Ezequiel I*) y la línea crucial del versículo en *Isaías 43:7*: "a los que llamé, cree, formé e hice". Lo anterior nos lleva al hecho de que el ser humano contiene en sí esos cuatro niveles de realidad. Sin embargo, antes de explicar el esquema humano en detalle, debemos captar la metafísica del árbol sefirótico, que sirve de modelo para todos los demás mundos inferiores.

El primer mundo está basado en los diez atributos divinos, más un atributo no manifestado. Los kabbalistas sitúan esos diez aspectos de Adán Kadmón de acuerdo con las leyes generadas por las cualidades divinas. Sobre todas se halla la unidad de la Divinidad expresada con el símbolo de *Keter,* la Corona. Siguen dos aspectos: *Hokhmah,* Sabiduría, y *Binah* o Entendimiento; es decir, los lados de revelación y reflexión de la mente divina, los cuales son reproducidos más abajo en el corazón divino de la imagen de Dios en los atributos conocidos como *Hesed* o Misericordia y *Gevurah* o Juicio. Justo abajo y al centro del Árbol está el lugar de *Tiferet* o Belleza, algunas veces llamado el Asiento de Salomón. Debajo, a la izquierda y derecha se sitúan lo que en ocasiones es conocido como las extremidades de Dios, que llevan a cabo las acciones activa y pasiva de la voluntad divina. En varias traducciones aparecen como *Nezah* y *Hod* y, aunque ninguna describe con exactitud sus funciones, las utilizaremos para definir a la Eternidad y a la Reverberación, respectivamente. Aún más abajo, en el sitio designado para *Yesod* o Fundamento, se halla el principio de la generación y reflejo de lo que está arriba y abajo. Dicho principio corresponde con el ego común en el ser humano consciente. Al

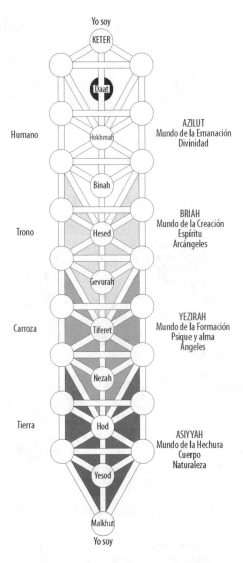

Ilustración 8. Escalera de Jacob. El quinto y "Gran Árbol" es visto aquí en el momento en que los cuatro Mundos se integran mediante una línea vertical de *sefirot* en la columna central. Esta alineación es llamada *Kav* o Eje por medio del cual la Divinidad tiene acceso a cada nivel de la Existencia. Las palabras EL QUE en medio de YO SOY, arriba y abajo, es todo lo que existe entre los polos de los dos Nombres Santos (Halevi, siglo xx).

Ilustración 9. La visión de Ezequiel. En este antiguo impreso los cuatro niveles están definidos simbólicamente: en el fondo se halla el ámbito del mundo natural, arriba está la Carroza con sus ruedas o ciclos cósmicos. Más arriba se encuentra el Trono del Cielo o ámbito del Espíritu con la figura del Humano en llamas o Adán Kadmón que representa la Imagen divina de Dios. Todo ello como fue visto por un profeta durante una contemplación mística. Los símbolos así como los diagramas son el lenguaje de la Kabbalah. El arte está en interpretar su significado a la luz de la experiencia (Biblia Bears, siglo XVI).

final está la *sefirah* conocida como *Malkhut* o Reino, que en ocasiones es llamada el cuerpo de Dios. Por último, la no *sefirah* del Conocimiento o *Daat* se sitúa donde la voluntad del Absoluto puede entrar para hablar o tener acceso en cualquiera de los mundos inferiores que se extienden como una cadena de Árboles, descendiendo del mundo de la Divinidad.

La infraestructura del Árbol está basada en varias leyes importantes. La primera es la ley de la Unidad del Todo; la segunda es la teoría de los tres pilares, compuesta por el pilar del centro del equilibrio o Gracia; el de la derecha, de la Misericordia y el de la Severidad, a la izquierda. Como tal, esas *sefirot* mantienen el balance en la Existencia; los dos pilares en los extremos tienen una función activa y pasiva, y la columna central funge como el armonizador consciente. La tercera ley es el flujo de la secuencia original de la Voluntad, mostrado con las flechas en el diagrama. Esto describe el desdoblamiento de las diez manifestaciones a través de varias etapas activas y pasivas, bajo la dirección de la columna central hasta llegar a *Malkhut*, el Reino, en la base. La cuarta ley es acerca de la existencia de un nivel divino, creativo, formativo y de acción en ese primer Árbol. La quinta ley general es la de la cara inferior y la superior, que describen el eje vertical de la Misericordia y la Severidad en el esquema divino. Por último, la sexta ley es la división de las varias triadas que están compuestas por las *sefirot* como funciones activas y pasivas a la derecha e izquierda, así como las triadas de la conciencia en la columna central.*

El árbol de la Emanación da nacimiento al árbol de la Creación y, a partir de la Creación, emerge el árbol de la Formación, que a su vez hace florecer al árbol del mundo Natural. La manera en que cada Árbol se intercala con el siguiente indica

---

* Para un recuento en detalle, vea también del autor *El árbol de la vida*, publicado por Editora y Distribuidora Yug, 8ª. ed., 2004 y *El universo de la Kabbalah*, Editorial Pax México, 2ª ed., 2005.

la interpenetración en dicha escalera de mundos. Así, el impulso creativo puede fluir con facilidad hacia abajo y la Providencia actuar eficientemente en cualquier sitio en la Existencia. También da a la humanidad la posibilidad de elevarse hacia los reinos superiores. Dice la tradición que la humanidad por sí sola tiene acceso a todos los niveles. Eso es posible porque Adán puede captar exteriormente el reflejo divino en el espejo cósmico de la Existencia. Esto nos conduce a la composición del ser humano, ya que éste está construido de la misma manera que la imagen de Dios. De manera que contiene cuatro niveles equivalentes de voluntad, intelecto, emoción y acción, expresados en la forma de un cuerpo, una psique, un espíritu y una chispa divina. Dichos árboles internos corresponden con los cuatro árboles cósmicos y como tal, se relacionan de manera directa con cada mundo y su respectiva realidad.

El cuerpo físico, como aparece en el Árbol de más abajo, posee todas las cualidades del mundo de la Acción; está compuesto por cuatro elementos: sólido, líquido, gas y radiación, y utiliza los procesos vegetativos para crecer y alimentarse, además del principio animal para moverse y relacionarse con otras criaturas. La parte animal del ser humano le confiere los instintos de manada o tribales. Esto revela la primera división de la raza humana: la persona animal que desea dominar y la persona vegetativa que se contenta con adaptarse a las condiciones. El árbol del cuerpo muestra los cuatro niveles en su vehículo carnal: el mecánico, el químico, el electrónico y la conciencia de vivir.

La cara inferior del organismo psicológico se amolda sobre la cara superior del árbol físico. Ahí, el nivel de la conciencia natural del ser humano se manifiesta en el cuerpo en el Reino o *Malkhut* del sistema nervioso central, en los dos principios psico-biológicos *Hod* y *Nezah,* en la mente egoica de *Yesod* y en la conexión superior con el ser: *Tiferet* (ilustración 11). La gran triada inferior centrada en el ego o mente ordinaria se compone de las triadas secundarias de pensamiento, acción y sentimiento, que operan como la psicología mecánica de todos los días. El sendero entre las funciones psico-biológicas activa y pasiva es el umbral de la conciencia; más allá yace el ser, llamado el Asiento de Salomón en el árbol de la psique. Arriba del ser está el alma, que como puede observarse, tiene acceso a los tres mundos del cuerpo, la psique y el espíritu. Ése es el lugar del estado consciente de sí mismo, la conciencia, así como el centro de todos los sucesos emocionales profundos en la vida de una persona. En ambos lados están los bancos de datos de la memoria activa y pasiva donde la experiencia emocional es archivada. Justo arriba, a la izquierda y derecha, se hallan los bancos de datos de las creencias intelectuales, dispuestas en el lado activo y el pasivo de la psique. Entre éstos se encuentra la gran triada superior del espíritu que, como cara superior de la psique, se extiende sobre la cara inferior del mundo de los Cielos. Ahí es donde reside el nivel de conciencia profunda y actúa como lente oscuro del espíritu del Conocimiento. Arriba se encuentran las *sefirot* de *Hokhmah* y *Binah*, que constituyen la sabiduría profunda y el entendimiento en el nivel intelectual. En lo alto está *Keter*, la Corona psicológica o el lugar donde se entrelazan los tres mundos superiores en un ser humano. Ahí, la Divinidad toca el corazón del mundo del Espíritu y el cenit de la psique.*

Por encima de la psique se encuentran los reinos cósmicos del Cielo y la Divinidad. Habiendo explicado el campo teórico, veamos una breve aplicación de los principios kabbalísticos en el *Génesis* como preámbulo del libro de *Éxodo*.

---

* Para información detallada sobre el cuerpo, la psique y el espíritu, vea *Adán y el árbol de la Kabbalah*, publicado por Editorial Pax México, 2005.

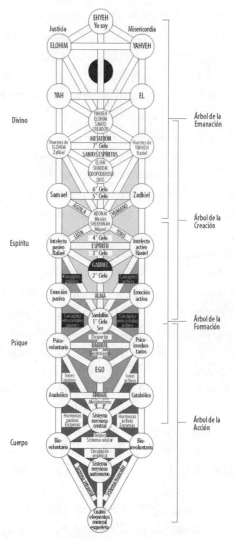

Ilustración 10. Gran Árbol. Aquí vemos los detalles generales de los niveles. En el fondo están las funciones relacionadas con el ser humano dentro del cuerpo y la psique. Arriba se hallan las dimensiones espirituales y cósmicas con los Principios santos en la cima que gobiernan todos los mundos por medio de la Providencia. Durante su desarrollo, el kabbalista aprende a entrar en esos niveles superiores y operar con ellos de modo que pueda avanzar en su propia evolución como parte del Esquema divino (Halevi, siglo XX).

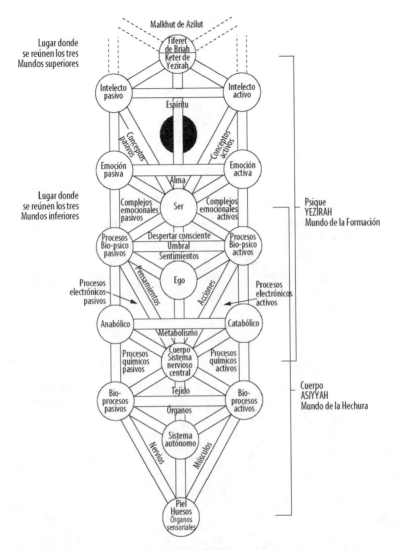

Ilustración 11. Cuerpo y psique. Con el fin de entender el contenido interno de las Escrituras es necesario conocer la composición y operaciones de la naturaleza humana. Con dicho conocimiento uno será capaz de diferenciar lo que representan los distintos personajes bíblicos, los que corresponden con determinados arquetipos. Esaú simboliza el cuerpo mientras que Jacob representa el alma. Los instintos del primero lo dominaron y, por tanto, perdió su herencia espiritual (Halevi, siglo XX).

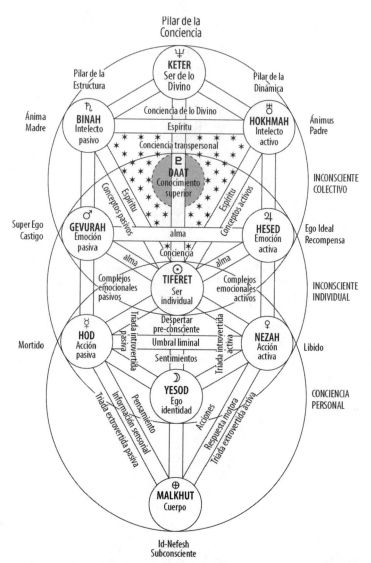

Ilustración 12. La psique en detalle. Aunque los términos utilizados son modernos, permiten reconocer los paralelos con la historia del Éxodo. Conforme uno comprende las funciones de la mente llegan los destellos de inspiración y los periodos de rebelión. Cambiar el centro de gravedad de la conciencia del ego al ser equivale a cruzar el Mar Rojo, y un momento de iluminación es como estar al lado de Moisés en la cima del Monte Sinaí (Halevi, siglo xx).

ENCARNACIÓN

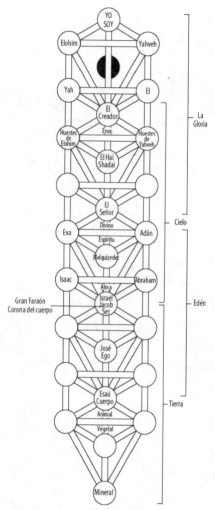

Ilustración 13. Escalera bíblica. En este esquema, los diversos arquetipos bíblicos están presentados de acuerdo con su personalidad. José representa los aspectos psíquicos de la mente ordinaria mientras que Jacob es el aspecto psicológico más profundo del alma y toma el nombre Israel cuando alcanza el nivel espiritual del Ser en el lugar donde se conectan el cuerpo, la psique y el espíritu. Isaac y Abraham simbolizan los aspectos polares del alma con Melquizedec como principio de la experiencia mística. Adán y Eva son los arquetipos del Padre y la Madre o aspectos masculino y femenino de la naturaleza humana (Halevi, siglo XX).

Prólogo

Génesis

Los primeros capítulos del libro de *Génesis* perfilan la creación del universo y sus habitantes, incluida la criatura más completa, el ser humano. Luego describe tanto la formación y la división de un tercer Adán en hombre y mujer como su caída hacia la materia por haber desobedecido la voluntad de Dios. Ese descenso al más bajo de los mundos estaba previsto, como dice la tradición oral, y era parte de un gran plan en que el ser humano, imagen de la Divinidad, desciende a los niveles más bajos de la existencia para tener experiencia de todos los mundos. Sin embargo, debido a que la humanidad aún conservaba el regalo del libre albedrío en la Tierra, la raza humana desobedeció la ley moral y contrarrestó el flujo de la evolución a tal grado que la Divinidad tuvo que considerar la cancelación del proyecto, pese al hecho de que un individuo como Enoc había logrado el nivel más alto alcanzable por el espíritu humano y caminado al lado de Dios. Por fortuna, Noé conservó el respeto de la Divinidad, por lo que se le permitió sobrevivir a la eliminación, mediante el diluvio, de una raza humana corrupta, junto con el reino animal y el vegetal del mundo de la Acción. Una pista del nivel del alma de Noé aparece en la leyenda que dice cómo se mantuvo despierto durante todo el tiempo que el arca flotó sobre las aguas, elemento simbólico del mundo de la Formación. Cuando Noé y las criaturas que se salvaron con él tocaron tierra, el proceso de desarrollo comenzó de nuevo en el mundo físico, después de que la Divinidad prometió en el Pacto del arco iris nunca emprender una acción tan drástica como ésa contra la humanidad. Sin embargo, tampoco Noé estuvo libre de faltas; se emborrachó con su propio vino y cayó en estado de desgracia. Ésta es la advertencia de que el mérito espiritual no nos ubica por encima de las leyes de la existencia, sino por el contrario, se nos exige más porque deberíamos servir de ejemplo. El lugar de Noé fue ocupado por su hijo, Sem, quien continuó la línea de ascenso espiritual mientras el resto de la humanidad volvió a preocuparse por el poder y la riqueza terrenal; interés demostrado por la construcción de la torre de Babel con la intención de alcanzar los mundos superiores por medios físicos, algo que nunca tendrá éxito. Nos dice la tradición que Sem fue más tarde maestro de Jacob después de haber dejado la casa de su padre.

El siguiente personaje principal en continuar la línea que representaba la punta de flecha de la espiritualidad humana es Abraham. Después de darse cuenta de que los seres de los mundos superiores no eran más que sirvientes del Absoluto, se le dijo que dejara su país y su familia y fuera a la tierra que el Señor le mostraría. Ese viaje al país santo del Espíritu llevó a Abraham por varios incidentes que pusieron a prueba su fe. Justo en las afueras de Jerusalén fue iniciado por el sacerdote del Dios Altísimo, Melquizedec, quien le transmitió el conocimiento secreto dado únicamente a aquellos que han probado ser receptivos y obedientes ante la Voluntad de Dios. Esto nos acerca al punto en que podemos comenzar a ubicar niveles y personas en la escalera de Árboles, y así ver tanto la base kabbalística de la historia del destino humano como sus personajes.

Si observamos la ilustración 13 veremos que la Corona más alta tiene un nombre divino asociado con ésta. Se debe a que ese título expresa, en letras hebreas completas *EHYEH ASHER EHYEH* o YO SOY EL QUE SOY, la intención divina de Dios por contemplar a Dios, es decir, el desdoblamiento en la creación

Ilustración 14. Arca. El navío es una versión alegórica de la Escalera de Jacob; su diseño con varios recintos corresponde con las triadas en la Escalera. Los animales representan distintos tipos de conocimiento, que debían ser conservados mientras la humanidad sobrellevaba una terrible purga debido al abuso que había hecho del libre albedrío. Cuando esto sucedió, por ejemplo en un periodo como el Oscurantismo, los monasterios se convirtieron en un arca que conservó la esencia de la civilización (Biblia Banks, siglo XIX).

Ilustración 15. Melquizedec. El justo rey, que no tenía padre ni madre (lo que indica que no era de este mundo), inicia a Abram con pan y vino, símbolos de la teoría y la práctica esotéricas. A Abram se le confiere el nombre de Abraham que significa "padre de muchos". A partir de este personaje surgen las tres religiones monoteístas y numerosas escuelas del alma y el espíritu. Melquizedec, o Enoc, más tarde aparece como Elías y con otros disfraces para proteger a los individuos evolucionados (Biblia Banks, siglo XIX).

y el retorno en evolución. Los nombres de Dios de la derecha y la izquierda están asociados con los aspectos de la Misericordia y la Severidad de la deidad, así como aquellos que le siguen abajo en los pilares laterales. La columna central lleva los Nombres divinos relacionados con la Gracia, y el lugar de Dios, como Creador a la cabeza del mundo de la Creación, y en el centro del mundo de la Emanación. Justo debajo de esa posición se halla el séptimo cielo donde reside Enoc, transformado en el arcángel Metatrón. Más abajo, en el Fundamento y el Reino del mundo de la Divinidad están los nombres de Dios como TODOPODEROSO VIVIENTE y SEÑOR, que se yerguen detrás del nivel celestial de la Providencia. Adán y Eva ocupan los lugares de la Sabiduría y el Entendimiento en el árbol de la Formación, que corresponde con la psique humana. Ellos actúan como el padre y la madre arquetípicos en los seres humanos, en tanto que justo debajo, en el lugar del Fundamento espiritual y el Conocimiento psicológico, se encuentra la figura de Melquizedec, la persona que, según la leyenda, no tuvo padre ni madre. Aquí también es el lugar tradicional donde el Espíritu Santo habla a un individuo luego de que éste emerge de la psique superior hacia el mundo de la Creación. Debajo se halla la triada del alma que se manifiesta en la vida y la naturaleza de los tres patriarcas.

En esa triada, Abraham sostiene la posición del lado derecho de la Misericordia. De acuerdo con la tradición, él es el hombre que amó a Dios. Su amor fue probado por su buena voluntad al ofrecer a su hijo Isaac en sacrificio. Según la leyenda, Abraham fue profundamente generoso y amable. Se dice que esas cualidades, además de su gran piedad, hicieron que Dios se acercara al ser humano y se convirtiera tanto en Dios de la Tierra como del Cielo. Abraham fue llamado "amigo de Dios", y debido a dicha relación hesédica, Dios llevó a cabo una alianza con Abraham, prometiéndole no sólo un hijo, sino que sería padre de varias naciones, es decir, de tradiciones espirituales.

Isaac, hijo de Abraham, reside en el pilar opuesto en la posición del Juicio, a veces llamado *Pehad* o temor basado en la justicia divina. Su severidad (en oposición al pilar de la Misericordia) está basada en el temor que sufrió Isaac mientras esperaba ser sacrificado y en su obediencia por someterse a la disciplina de su padre, Abraham. Pese a la hostilidad de Hagar, la otra esposa de su padre, y de la rivalidad con su hermano Ismael, Isaac fue un joven que tenía control de sí mismo. Más tarde en la vida, su perspectiva excesivamente severa se manifestó con el símbolo de la ceguera que creó un conflicto entre sus hijos, puesto que un Juicio sin Misericordia afecta la discriminación. Esaú, un hosco cazador, fue el hijo preferido en lugar de su hermano Jacob, un pastor gentil. Abraham e Isaac ejercen un equilibrio entre los aspectos misericordiosos y críticos del alma.

Jacob, cuyo nombre significa "suplantador", usurpó la posición de Esaú y recibió tanto el derecho de la primogenitura como la bendición de la herencia mística. Como tercer patriarca, Jacob asume la posición central de la triada del alma en el árbol psicológico. Ello se debe a que Jacob tuvo la visión de la escalera que se extendía entre el Cielo y la Tierra en el lugar que él luego llamó *Bet-el*, casa de Dios (*Génesis 28*). Visto en la Escalera que lleva su nombre, quiere decir lugar donde se entrelazan el árbol psicológico y el celestial. Las dos esposas de Jacob expresan los aspectos de las dos columnas laterales. Lea, la que no fue amada, está en el lado izquierdo y Raquel, la amada, en el derecho. Quizá la razón principal por la que Jacob ocupe una posición central es su reunión con el ángel en *Peniel*, que significa rostro de Dios. En ese momento se elevó del nivel psicológico del ser, considerado por algunos como el "yo", para tener experiencia del "tú" del *Malkhut* o Reino divino en el punto de reunión del Conocimiento. Dicha unión es el signo característico del pilar central, por donde desciende de manera directa la manifestación de la Divinidad. El cambio de nombre de Jacob a "Israel", o "aquel que lucha con Dios", tiene relevancia esotérica porque indica una transformación de estatus; un cambio de enfoque de lo psicológico a lo espiritual y, por tanto, el contacto directo con el mundo de la Divinidad. Juntos, los tres patriarcas componen la triada emocional del alma. Es ahí donde la alianza con Dios es llevada a cabo en virtud del amor de la Misericordia, la discriminación del Juicio y la verdad de la Belleza, o el ser. Esa triada es el punto medio entre el cuerpo y el espíritu. Es el lugar de la conciencia, de la moralidad, del bien y el mal, así como la zona en donde una persona crece y madura como ser humano, que puede actuar como canal de lo que fluye hacia abajo y de lo que se eleva entre el mundo terrenal y el celestial.

José fue el primero de los doce hijos de Israel en salir de Canaán y descender hacia Egipto. Así como Jacob representa el ser, José, con su abrigo de múltiples colores, representa el ego de múltiples facetas. José, el soñador, es la pantalla sobre la cual se exhibe la psique. Talentoso, adaptable e inteligente, José es el símbolo del Fundamento psicológico de la corona física del ser, representada por el gran Faraón de Egipto, rey iluminado del mundo Natural, que utilizó sus dones psíquicos y honró a José. Elegido por la Providencia para reconocer y aceptar los beneficios de un mundo superior en su país, invitó a Jacob y a su familia a descender de su país espiritual dado a los patriarcas mediante la alianza, hacia Egipto, donde fueron físicamente alimentados y vestidos como lo sería cualquier alma y espíritu recién nacido.

Luego que Jacob murió, sus restos fueron llevados a Tierra Santa para ser enterrados con sus padres; es decir, fue llevado de regreso al mundo del Espíritu. Cuando murió José su cuer-

Ilustración 16. El sueño de Jacob. Ésta es una visión psíquica más que una mística porque Jacob se halla dormido, lo que significa que no está despierto a su experiencia y no reconoce la importancia de los seres que ascienden y descienden por la Escalera. En este caso, la palabra "ángel", o mensajero, representa a los santos y a los sabios que transitan entre los mundos durante su reencarnación. Esas almas avanzadas traen la Enseñanza a la Tierra; muchos recuerdan sus vidas previas y saben que han vuelto a nacer (Biblia Banks, siglo XIX).

po fue embalsamado y conservado en Egipto bajo la promesa de que sus huesos serían llevados de ahí a Canaán, después de que Dios mandara a un libertador para que sacara a los israelitas de Egipto. Es así como la primera parte del Plan Divino, en que el ser humano descendiera al mundo más bajo, está representado con una historia familiar. Ahora el escenario está listo para el viaje a casa. En dicho retorno, el espíritu inocente enviado desde el mundo Divino para ser encarnado, obtiene experiencia con cada vida, sino y destino, mientras evoluciona de regreso, a través de los mundos, hacia la Divinidad. Conforme cada Adán individual llegue a darse cuenta de que el ser humano y el Universo no son sino reflejos de la Divinidad, poco a poco llegará a reconocer Quién se mira a Sí mismo en el espejo de la Existencia. En el momento en que todas las chispas que componen al Adán Kadmón original tengan experiencia de esa realidad en el fin de los tiempos, entonces el Rostro divino contemplará al Rostro divino.

Génesis, el libro de los comienzos, termina con la descripción del descenso de los hijos de Israel en una estancia feliz en la tierra de Egipto sin sospechar aún lo que sucedería, que los haría buscar el regreso a la Tierra Prometida.

Esclavitud del cuerpo

Éxodo 1

El libro de *Éxodo* empieza con los nombres de los doce hijos de Israel que descendieron a Egipto; es decir, los doce tipos básicos de la humanidad, como es expresado por varias tradiciones. Esos doce arquetipos espirituales descendieron a Egipto, cuyo nombre en el hebreo original, *mitzraim*, quiere decir limitación, esclavitud, aflicción y circunscripción. El relato continúa con: "El total de personas descendientes de Jacob fueron setenta", o sea, doce hijos, más los hijos de éstos o descendientes del mundo briático del Espíritu, que pasaron a través del mundo yezirático de la psique y hacia el mundo físico del cuerpo, o la tierra de Egipto.

"Los hijos de Israel fueron fecundos y proliferaron; se multiplicaron mucho y llegaron a ser muy poderosos: tanto que el país se llenó de ellos." Esa frase significa que el espíritu creativo y el alma formativa, en conjunción con el principio de vida, hacen que el cuerpo de un bebé recién nacido crezca a gran velocidad; porque el individuo aquí simbolizado se relaciona con el mundo físico que lo rodea.

Luego en *Éxodo* se habla de José ya en Egipto, lo que indica que el ego o Fundamento de la psique del individuo está establecido en el vehículo corpóreo de la persona que va a encarnar como el *Daat* o Conocimiento de *Asiyyah*, el mundo de la Acción. Como tal, tiene memoria del mundo psicológico del que proviene: Canaán, su hogar en términos bíblicos, y su padre espiritual, Israel. Ese pasaje se refiere al fenómeno de los

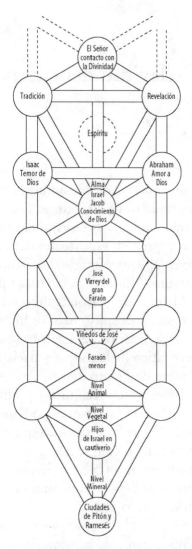

Ilustración 17. Descenso. El descenso de Egipto por parte de los israelitas trata el tema de la encarnación del alma. Después de la niñez, cuando uno es atendido, llega la responsabilidad del adulto. Para la mayoría, ésta es una esclavitud que inhibe el desarrollo de la individualidad, así como el potencial pleno. En la tradición judía, sólo la tribu de Leví fue la única en recordar que originalmente provenía de la Tierra Santa del Espíritu. Moisés era uno de esos levitas (Halevi, siglo xx).

sucesos previos al nacimiento recordados por personas muy jóvenes o con cierto desarrollo espiritual. Un texto rabínico afirma: "Tan pronto como murió José, los ojos de los israelitas también se cerraron, igual que sus corazones". Es decir, perdieron contacto con la memoria viviente de su pasado y de sus raíces en los mundos superiores. "Y comenzaron a sentir el dominio del extranjero", o la constricción de los egipcios, que representan las fuerzas del cuerpo.

El tema se desenvuelve más allá en el versículo que dice: "Entonces se alzó en Egipto un nuevo rey que no había conocido a José". La frase describe la creciente dominación de las exigencias corporales de un bebé y de la voluntad animal. La tradición oral dice que sólo después de que Leví, el último de los hermanos y portador de la tradición esotérica, había muerto, los egipcios comenzaron a oprimir a los israelitas. Lo anterior es visto de manera simbólica en la desolación del campo y los viñedos heredados por José a su descendencia, es decir, el sustento interno e independiente del alma y del espíritu. Con el tiempo, la opresión se transformó en esclavitud a medida que el nuevo Faraón, a la manera del alma animal, poco a poco forzó a los israelitas a someterse a un régimen psicológico y físicamente estrecho. Para el individuo promedio se trata del proceso limitante de su crianza y su educación.

Cuando la madurez completa es alcanzada, simbolizada por el aumento de setenta a seiscientos mil israelitas, se emprende toda una vida de trabajo físico en el nivel vegetal. Las diversas restricciones del mundo físico, personificadas por los capataces egipcios, mantienen la vida interna y nublada de los hijos de Israel en el trabajo pesado de la construcción de ciudades para la glorificación del cuerpo o la vanidad del ego. Los nombres de dos de las ciudades mencionadas en la Biblia son Pitón, que quiere decir "lugar estrecho" y Ramesés, que es "hijo del Sol" o el dios de los egipcios. Esas edificaciones hablan de un pun-

Ilustración 18. Esclavitud. Los israelitas fueron reducidos a la pobreza en todos los niveles; trabajaban pero no para sí mismos sino para los egipcios; no eran sino piezas mecánicas de una maquinaria represiva. El paralelo en la vida es cuando algunas personas se vuelven esclavas económicas apresadas por una sociedad que no les permite crecer. No parece haber salida de esa esclavitud psicológica y física hasta que surge algo más profundo, en este caso representado por Moisés (Biblia Banks, siglo XIX).

to de vista materialmente limitado y de la adoración del mundo Natural. Los israelitas no obtuvieron beneficio de esas empresas incluso en un nivel físico; tan pronto como fueron reclutados no trabajaron siquiera por un salario, sino simplemente se les permitió vivir para trabajar.

Sin embargo, un fenómeno de la adversidad es que engendra dureza: cuanto más afligidos estaban los israelitas, más aumentaron en número y fuerza. A fin de contrarrestar esa tendencia, el faraón, o cuerpo físico, intentó matar a todos los bebés varones nacidos a los israelitas. De acuerdo con el folclor judío, esa acción de la voluntad animal fue combatida por dos parteras israelitas, llamadas Sifra (cuyo nombre significa "brillantez") y Fúa (que quiere decir "espléndido"), protegiendo la fuerza interna que nacía en la comunidad. Esa confrontación es la primera señal de oposición en el interior de un individuo, entre su aspecto natural y el sobrenatural. La resistencia física exterior de los hábitos y la presión psicológica sólo aumentan una profunda insatisfacción en el despertar del alma. Uno busca escapar de la esclavitud de diversas maneras mundanas que van desde el entretenimiento para evadir el problema, hasta la ambición para tratar de ignorarlo, pero nada de eso trae satisfacción alguna ni es solución para dejar de sentirse encerrado. La posibilidad de escapar debe ser pospuesta varios años hasta que ocurra el nacimiento de un enfoque particularmente poderoso en el ser de un individuo o de un pueblo. Dicho enfoque es simbolizado por el surgimiento de Moisés de entre los lamentos en masa de la psique de Israel.

Nacimiento de la conciencia

Éxodo 2

De acuerdo con la leyenda, los padres de Moisés fueron Amram, cuyo nombre significa "linaje del Elevado", y Jocabed, que quiere decir "esplendor divino". Amram era un hombre especialmente honrado, incluso entre la piadosa tribu de Leví. Ésa fue la razón por la que pudo ayudar a que la *Shekhinah* o Presencia divina estuviera una etapa más cerca de la Tierra, después de que se había retirado al séptimo cielo (como consecuencia del pecado de Adán y los subsecuentes pecados de sus hijos). Amram fue el sexto de la línea después de Abraham, Isaac, Jacob, Leví y Coat, trayendo de nuevo la Presencia divina más cerca de la humanidad. Su esposa también era una persona distinguida, ya que era la hija de Leví, y era conocida por sus dotes espirituales. Sin embargo, debido a su esclavitud, su primer descendiente fue Miriam, cuyo nombre significa "amargura", y su segundo hijo fue Aarón, que algunos rabinos traducen como "infortunio en el embarazo"; también conocido como "el montañés" y el "esclarecedor".

Durante la gestación de Moisés, Amram y Miriam tuvieron sueños promisorios acerca de su futura importancia con respecto a Egipto e Israel. Visto en el avance de un individuo, se trata de una pista de lo que serían los cambios internos que estaría sujeto a enfrentar. Con un significado simbólico, una insinuación tal bien puede ocurrir durante el sueño, como cuando alguien se ve a sí mismo librándose de sus cadenas o escapando de una prisión.

La leyenda en el *Talmud* especifica que cuando nació Moisés, la casa completa resplandecía y pudo caminar y hablar en un día. Esto describe el surgimiento de un centro de conciencia en el individuo con un grado de madurez por encima del resto de los seres. Para cuidar que Moisés no fuera asesinado, Jocabed construyó un arca para protegerlo y la puso a flotar en las aguas, confiando en los designios de la Providencia. Con esta acción vemos el comienzo de la confianza en asuntos relacionados con el espíritu, uno de los prerrequisitos en el trabajo interno que permite al espíritu ser una guía para encontrar el verdadero propósito de la vida. Conforme a los propósitos del Cielo, la hija del Faraón vio el arca mientras se bañaba en el Nilo para librarse de la lepra engendrada por adorar ídolos. Así fue como una mujer egipcia que sí valoraba la vida interna vio al niño y lo salvó; siempre existe una parte del ego que reconoce que el mundo Natural sólo conlleva deterioro y muerte; y además percibe algo de un mundo superior que debe ser apreciado.

La preservación y el desarrollo del ejemplo de Moisés, cuyo nombre significa "extraído del agua" (elemento simbólico que representa la fluidez de la psique, ya que la Tierra representa a *Asiyyah*; el agua a *Yezirah*; el aire a *Briah*; y el fuego a *Azilut*), condujo a que fuera educado y criado en la corte de un reinado animal. De tal manera, una conciencia despierta aprende las artes y ciencias del mundo Natural para familiarizarse con la vida mundana. Sin embargo, resulta peligroso ser ascendido del estado vegetal de esclavitud hacia el reino animal. Una de las varias leyendas acerca de dicho periodo en la vida de Moisés describe cómo, debido a su notable inteligencia, pronto sobrepasó a sus maestros egipcios. Como puede esperarse, esto creó cierta envidia entre los egipcios o sus semejantes en la etapa animal. Ciertamente que Balaam, mago principal (después le fue ordenado maldecir a los israelitas, vea el libro de *Números*) en la corte del Faraón, reconoció en Moisés un peligro potencial y así lo advirtió al mandatario. Por fortuna, el arcángel Gabriel ayudó a Moisés en una prueba de vida o muerte, de manera que sus actos precoces fueran considerados sólo la suerte de un infante. He aquí el conocido fenómeno de la supervisión del Cielo, al cuidar de un alma embrionaria en un mundo físico inherentemente hostil.

Cuando Moisés alcanzó la madurez, no tuvo dificultad para conducirse como un extranjero educado en el mundo de los egipcios. Sin embargo, mientras estaba involucrado en esa vida animal, poco sabía del sufrimiento de su propio pueblo: o la vida interna de esclavitud bajo la superficie del proceso natural. Comenzó a plantear preguntas, y cierto día vio cómo un israelita era golpeado por un egipcio y, dándose cuenta de que se trataba de una injusticia, mató al egipcio; según relatan los cuentos populares, llevó a cabo tal acción pronunciando el nombre de Dios. En otras palabras, cuando él se dio cuenta de su aspecto animal, impuso su voluntad sobre la psique, eliminando su dominancia, al pedir la ayuda de la Gracia divina para que matara al deseo inferior. Su petición fue respondida de inmediato y así, explican los rabinos, no cometió asesinato, sino que fue la justa muerte de un mal, para demostrar a Moisés y a los israelitas (es decir, a la individualidad que estaba despertando y al resto de la psique) que la dominancia del cuerpo podía ser eliminada.

No es necesario decir que el suceso pronto fue conocido en todo Israel, de modo que cuando Moisés trató de separar a dos individuos que estaban peleando, le preguntaron si iba a matarlos. Cuenta la historia que los individuos eran Datán y Abiram, dos de los israelitas más contenciosos de la comunidad. Dichos individuos después en el desierto se opondrían a Moisés como aspectos rebeldes de la psique.

Visto con la perspectiva de la Kabbalah, el incidente muestra que, aunque la Gracia pudo ayudar a erradicar el mal, había que realizar bastante trabajo interno para lidiar con ciertos aspectos perversos de la psique que se resistían al progreso espiritual. Se trataba de un problema menos obvio que el enemigo externo representado por el egipcio. Confrontado por tal oposición interna y por el Faraón, que buscaba matarlo, Moisés huyó.

Como varias personas una generación más tarde, se convirtió en un desertor. Dejó de estar interesado en el encanto efímero de Egipto, aunque tampoco tenía el valor para hacer frente a los problemas de Israel. De acuerdo con las escrituras, entonces huyó hacia la tierra de Madián, el sitio de lucha y Juicio, donde ya sin raíces, podía esconderse de sí mismo y de su destino.

ESTAR DORMIDO Y DESPERTAR

Iniciación: personal

Éxodo 2

Según la leyenda, Moisés no se dirigió directamente al lugar donde vivía Jetro, como está registrado en la Biblia, sino que primero fue un fugitivo en el campamento del rey de Etiopía. Curiosamente, dicho rey sitió su propia capital, porque había sido tomada por Balaam, el mago. Representando a la parte oscura e interna de la psique, Balaam, cuyo nombre significa "maestro del pueblo", era un adivino embustero y un hechicero que había desarrollado extraordinarios poderes psíquicos, que utilizaba para influir sobre los demás sin integridad espiritual. Visto de manera interna, Balaam es la parte de la psique que busca el poder sin responsabilidad y sin hacer referencia a algo más elevado que la propia satisfacción.

Moisés fue aceptado por los etíopes porque su rostro resplandeciente indicaba un poder interno que ellos no tenían: su fuerza física no representaba un reto para Balaam. Sin embargo, no fue sino hasta la muerte del rey etíope que llamaron a Moisés para que los guiara en su lucha contra Balaam. El éxito fue alcanzado durante el primer día en que Moisés aceptó el reto, y entró a la ciudad para ser coronado, tomando por esposa a la viuda del antiguo rey. Esta fábula ilustra el poder del despertar de la conciencia, cuando es aplicado a problemas de poca importancia. Sin embargo, la alegoría no termina ahí. Aunque reinó durante cuarenta años y aumentó el poder de la nación, nunca cohabitó con la reina ni adoró a sus dioses. Con el tiempo, la reina se volvió en su contra por no haber consumado su unión, y el Consejo de Etiopía lo cesó, aunque no sin honores por los servicios prestados al país. A partir de tal experiencia en el manejo de una situación mundana y que involucraba la magia, es decir en un nivel práctico (*Asiyyah*) y psicológico (*Yezirah*), la Providencia hizo que Moisés avanzara a la siguiente etapa de su entrenamiento.

Jetro, cuyo nombre quiere decir "excelencia" o "pre-eminencia", era un sacerdote de Madián. Para su tiempo y el lugar, resultaba muy raro que no adorara ídolos físicos. Era un hombre temeroso de Dios, y ciertamente tiene otros nombres que describen sus cualidades. Además de los nombres bíblicos de Reuel y Hobab, que son traducidos por los rabinos como "amigo de Dios" y "amado hijo de Dios", también es conocido como Putiel o "renuente a la idolatría". Debido a esto fue desterrado por su pueblo y vivió con sus siete hijas en el desierto. Fue en su pozo que Moisés conoció a Séfora, su futura esposa, cuando defendió a las hermanas de pastores hostiles. Sin embargo, según algunas fuentes antiguas, antes de que se casara con Séfora, Moisés era tratado de mala manera por Jetro; esto podría considerarse así, si no miráramos con mayor profundidad, como indica la leyenda. Jetro tenía el mismo nivel de desarrollo que Balaam, ya que se le había consultado, igual que al mago, acerca de la proliferación de los israelitas. Según la leyenda, Job, sujeto de una historia posterior, también estuvo presente en dicho concilio. Jetro había advertido al Faraón que no presionara a los hebreos porque tenían una alianza con Dios; le recomendó que les permitiera salir de Egipto para que pudieran cumplir con su destino. El Faraón, a quien desagradó bastante dicha recomendación, despidió a Jetro. En su lugar, siguió el consejo de Balaam de ahogar a todos los hijos varones.

Antes de salir de Egipto, Jetro consiguió una extraordinaria vara. Según explicó Séfora a Moisés, dicha vara había sido plantada en el jardín de Jetro y había crecido como un árbol. Para numerosas tradiciones espirituales, el origen de la vara no es desconocido; fue creada durante el ocaso del primer *sabbath* y otorgada a Adán, quien la pasó a Enoc, cuyo nombre significa "iniciado", quien, a su vez, la transmitió a Noé. Después se le dio a Sem y luego a Abraham; de éste pasó a Isaac y después a Jacob, quien la delegó en José. Jetro obtuvo la vara después de que José murió, cuando los egipcios saquearon su casa. Dice la tradición que la vara estaba hecha de zafiro y que pesaba alrededor de diez libras. Algunos dicen que tenía grabado el Nombre divino, y otros más, que contenía diez letras de varios significados. La vara aparece más tarde en manos de Moisés y de Aarón; en ocasiones es considerada el báculo de la Revelación en el pilar derecho, y otras veces como la Tradición, en el pilar izquierdo. Aún más tarde, aparece como el cetro del rey David y cuando la destrucción del Templo era inminente, el rey Josías la escondió junto con el arca hasta que el Mesías llegara y la reclamara. La tradición cristiana y la oral, así como la judía lo consideran un injerto del árbol del Conocimiento, y los musulmanes lo reverencian como el símbolo del conocimiento esotérico.

Después de que Séfora revelara a Moisés el origen de la vara, le explicó que su padre aceptaría como yerno al hombre que pudiera levantar el árbol. Moisés no tuvo dificultad en hacerlo, pero para su sorpresa, en lugar de que Jetro estuviera complacido, lo encerró en un foso donde vivió durante varios años en pésimas condiciones. Durante ese periodo, Séfora mantuvo a Moisés hasta lograr que Jetro fuera al foso, donde lo encontró rezando; convencido de que Moisés tenía una misión divina, lo liberó y le entregó la vara de zafiro.

Si estudiamos las fábulas anteriores en conjunto con la Biblia bajo la perspectiva kabbalística, veremos la descripción de cómo en ocasiones un individuo intenta escapar de su destino.

Sin embargo, la Providencia, aunque no interfiere con el libre albedrío de la persona, proporciona las circunstancias adecuadas para que las habilidades del individuo queden demostradas. De manera que con el despertar de la conciencia, simbolizado por Moisés, vemos con facilidad que su poder interno y su conocimiento lo convirtieron en rey de los etíopes, es decir, era un pez grande en una charca pequeña. Sin embargo, pese a su aparente éxito, Moisés reina sin una satisfacción física, psicológica, incluso espiritual verdadera. Con el tiempo, un individuo debe consumar su relación con los elementos menores en su naturaleza, o será lanzado (fuera de la Gracia que pudiera merecer) hacia la desconocida zona entre la Tierra y el paraíso donde, para cubrir un profundo fracaso, sólo existen la decepción por los mundos inferiores y el cinismo acerca de los superiores.

Por fortuna, Moisés reconoció que él no era un etíope ni adoraba a sus dioses y abdicó libremente al trono. En ese momento supo que estaba buscando algo más profundo que el fenómeno físico o el psíquico, y vagó por la tierra de la lucha y el juicio hasta que llegó a un pozo, símbolo de la verdad y el nutrimento. En tal sitio Moisés ayudó a las hijas de un hombre profundamente espiritual para conseguir agua. Debido a tal acción, se ganó un lugar en la casa de Jetro, aunque en condiciones exigentes para probar si era merecedor de unirse a la familia y a la escuela de Jetro. Aquí tenemos una serie de pruebas espirituales difíciles que tradicionalmente se le dan a un candidato con el fin de juzgar cuán sincero es. Al entregar a su hija en matrimonio, Jetro, el amigo de Dios, tomó a Moisés como su discípulo.

Para la persona que se encuentra en un camino espiritual, la historia describe una experiencia común. Por sus acciones de integridad, un individuo puede percatarse de la presencia de un instructor de almas. Para probar si tales acciones son genuinas, se crean situaciones donde el prospecto de estudiante es primero invitado de buen grado y después enfrentado a ciertas dificultades. Casi siempre quienes no están en verdad interesados se van y sólo quedan quienes buscan la verdad y que, habiendo tocado el Árbol de zafiro, aceptan las pruebas de iniciación que les darán entrada a la escuela del alma.

Puesta en la Escalera de Jacob, la historia de la huida de Moisés fuera de Egipto y su matrimonio con Séfora traza el ascenso de un estado consciente en desarrollo desde el Reino o *Malkhut* de la psique (que corresponde con el *Tiferet* del cuerpo) pasando por el Ego-Fundamento y hacia la triada compuesta por *Hod-Nezah-Yesod*. Dicha triada es el triángulo de la Buena Voluntad que yace en la frontera entre el mundo interno y el externo. En ese sitio, Moisés, en el Fundamento de la psique y el Conocimiento del cuerpo, permanece por varios años durante la primera etapa de su entrenamiento. Mientras tanto, su esposa le da dos hijos, uno es llamado Guersón, que es traducido como "exilado en tierra desconocida", condición en la que están todos los aspirantes a la espiritualidad.

Momento de gracia

Éxodo 3

Cuando Moisés se presentó con Jetro vestía ropas de egipcio, lo cual indica que, a pesar del tiempo que había pasado con los etíopes y en el desierto, aún usaba la *persona* formada por su educación; es decir, su ego (que corresponde con el Conocimiento del cuerpo y el Fundamento de la psique) estaba tan influido por la cultura y los hábitos que había adquirido durante el tiempo que pasó en la corte del Faraón, que al principio fue tomado por un hombre natural, aunque refinado. Sin embargo, demostró que era un personaje de orden sobrenatural y fue aceptado por Jetro para recibir instrucción esotérica; Jetro pidió a Moisés que no se alejara sin su consentimiento. El matrimonio fue parte del compromiso reglamentario impuesto por un maestro esotérico. Jetro encomendó entonces a Moisés su primera tarea: vigilar el rebaño de las ovejas más jóvenes; luego debía vigilar otras ovejas de más edad y por último las más maduras, cuidando de alimentarlas y protegerlas. En la literatura bíblica, un pastor es una alegoría de un maestro o instructor, y los comentaristas del *Talmud* reafirman la idea diciendo que Dios deseaba instruir a Moisés en el desierto para que después guiara a los hijos de Israel a través de esa misma región. Durante los años que estuvo con Jetro, Moisés aprendió sobre el terreno, así como del ámbito vegetal y el animal. Si empleamos la analogía, veremos cómo estudió la acción del mundo elemental fuera y dentro de sí, así como los problemas y las soluciones de su naturaleza vegetal y animal.

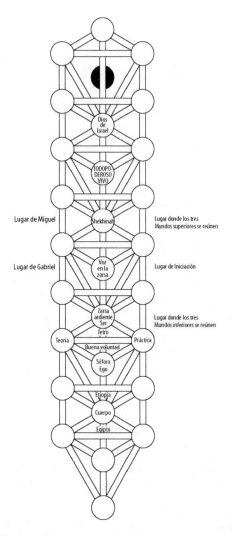

Lugar de Miguel

Lugar de Gabriel

Teoría

Lugar donde los tres
Mundos superiores se reúnen

Lugar de Iniciación

Lugar donde los tres
Mundos inferiores se reúnen

Práctica

Dios
de
Israel

TODOPO-
DEROSO
VIVO

Shekhinah

Voz
en la
zarsa

Zarsa
ardiente
Ser
Jetro

Buena voluntad

Séfora
Ego

Etiopía

Cuerpo

Egipto

Ilustración 19. Escalera de Moisés. Después de ser salvado por la Providencia para ser llevado a la corte egipcia, Moisés aprendió el arte del liderazgo. Sin embargo, no olvidó sus raíces hebreas. Un día, al ver que abusaban de un israelita, mató al egipcio que lo maltrataba y huyó a Etiopía, según cuenta la leyenda, donde fue tentado por el poder porque ya era un héroe. Al resistir la oportunidad de su engrandecimiento, Moisés conoció al sacerdote principal, Jetro, quien le enseñó las destrezas para vivir en el desierto, siendo ésa la última parte de su entrenamiento (Halevi, siglo XX).

Además, adquirió la habilidad de mantener orden en un grupo de criaturas que se asustaban con facilidad y no veían más allá de sus narices. Hay varias historias acerca de la severidad y la compasión de Moisés, así como de su disciplina estricta y su habilidad para elegir los lugares adecuados donde las ovejas pudieran pastar y descansar. Durante los cuarenta años que estuvo bajo la tutela de Jetro, no perdió ni una sola oveja; de hecho, aumentó y mejoró el rebaño, pasando la prueba ante Jetro y ante Dios.

En el momento en que Moisés estuvo listo para la siguiente etapa de desarrollo, el Señor notó, como dice en las escrituras, que Israel había llegado al límite de su sufrimiento bajo la opresión del nuevo Faraón. Fue entonces cuando el pueblo recordó la alianza hecha entre Dios y sus antepasados, y clamaron por su libertad; es decir, la psique en el cautiverio del cuerpo acudió al mundo Espiritual y al Divino para pedir ayuda. Su petición fue escuchada.

En *Éxodo 3:1* dice: "Apacentaba Moisés el rebaño de Jetro, su suegro, sacerdote de Madián; condujo el rebaño más allá del desierto y llegó hasta la montaña de Dios, Horeb" (*Har Ha ELOHIM*). *Horeb* significa desolación y otras traducciones asociadas con un estado previo a una experiencia mística. Ahí *Vayarah Malach yahveh aluv:* "apareció el ángel de Yahvé en una llama de fuego en medio de una zarza". Según la tradición, ese ángel, o arcángel para ser precisos, es Miguel quien, de acuerdo con los comentarios rabínicos, descendió del lugar de la *Shekhinah* o Presencia divina para manifestar el espíritu de la Divinidad. Desde el punto de vista de la Kabbalah, es la Gracia descendiendo del lugar de encuentro de los tres mundos superiores, o sea, el ser o centro de la psique. Ahí Moisés percibió lo que nadie que lo acompañaba pudo percibir: la zarza ardiente que no se consumía. Es decir, la zarza se recreaba al tiempo que se quemaba; el nivel espiritual, o de la Creación, es el lugar de reunión entre Dios y el ser humano.

Cuando Moisés se hizo a un lado para ver el suceso milagroso, ELOHIM lo llamó por su nombre de en medio de una zarza (considerada por los rabinos como la forma más baja de ese tipo de vida vegetal, lo que indica que la Presencia divina está en todo). La utilización del nombre de Moisés es crucial, porque denota un nivel elevado de individualidad que ha de ser alcanzado para ser capaz de tener la experiencia de la revelación. Moisés respondió: "Heme aquí"; lo que quiere decir que estaba totalmente presente. Ese instante es muy significativo porque muchas personas que tienen una experiencia tal entran en pánico, en un estado de conciencia disminuido o incluso de inconciencia. Luego Dios dio instrucciones a Moisés para que no se acercara demasiado y que se descalzara porque "el lugar en que tú estás tierra santa es" (*Adamah Kodesh*). En hebreo, el término *kodesh* también quiere decir "aquello que está separado y es especial". En otras palabras, el lugar no era tierra común. Había sido una experiencia física del más alto nivel, correspondiente a la Corona o *Keter* del árbol físico que se reúne con el ser en *Tiferet* de la psique y en *Malkhut* o Reino del Espíritu. Ahí Dios dice que: "Yo soy el Dios de tu padre, Dios de Abraham, Dios de Isaac y Dios de Jacob". Es decir *Yesod*, *Hesed*, *Gevurah* y *Tiferet*, o el ego que ha retenido el recuerdo de la triada de la Divinidad y del alma. Ante la Divinidad, Moisés cubrió su rostro: *ki yaray mahabeet el ha ELOHIM*: "porque temía fijar su mirada en Dios".

En la tradición oral hay otro relato entre ese encuentro con la Presencia divina y cuando Dios habla acerca de la situación apremiante para los hijos de Israel: el ascenso de Moisés a los mundos superiores, donde le es mostrado el proyecto divino de todas las cosas. Aunque esa información nos llega en fragmentos apócrifos escritos en griego o arameo durante el siglo I de la Era Común, probablemente su contenido es bastante más antiguo. En él, Metatrón, alias el transformado Enoc, el ángel de la Presencia en la Corona de la Creación, lleva a Moisés hasta *Briah*, mundo del Espíritu puro, acompañado por miles de seres celestiales a su izquierda y derecha como protección contra las vastas fuerzas cósmicas que operan en la Creación. Para el viaje, Moisés es transformado de manera temporal en fuego para que pueda moverse con libertad a través de los mundos en el mismo nivel que Metatrón. La conversión de su carne en fuego también indica un estado de iluminación.

Durante ese ascenso, a Moisés le es mostrado tanto el Purgatorio y sus diversos grados de castigo, como el Paraíso y todas sus recompensas. Observa la belleza fuera de este mundo del Edén y el Cielo, y tiene experiencia del profundo éxtasis reservado para aquellos que llevan a cabo el trabajo espiritual. Le es mostrado el desenvolvimiento del plan divino, la historia de Israel, la construcción, destrucción y surgimiento del Templo, así como la llegada del Mesías al final de los días. Se le presenta el propósito de su vida y cómo continuará enseñando, aun después de su muerte terrenal.

Se ha sabido que momentos de revelación como ésos están acompañados de una iluminación interior profunda. De pronto, al estar ante la Presencia divina en el ser, el individuo es elevado por un periodo que puede durar desde unos segundos hasta varios días. Durante ese tiempo, la conciencia es elevada fuera de lo mundano y llevada al punto más sublime de la experiencia humana encarnada: la Corona del árbol psicológico, que es simultáneamente el *Tiferet* del árbol espiritual de la Creación y el *Malkhut* de *Azilut*, mundo divino de la Emanación. Ahí la persona tiene un atisbo de la Creación y ve cómo ésta opera a lo largo de los mundos inferiores. La literatura judía, la cristiana y la mahometana registran varias historias acerca de ese tipo de experiencias. Tanto la revelación de san Juan como el viaje de Mahoma al cielo nocturno describen tales excursiones internas. El tiempo y el espacio cambian de dimensión, y el fenómeno del mundo físico es opacado en comparación con la riqueza y el poder de los mundos superiores, mientras la visión se extiende en todas direcciones, incluidos el pasado remoto y el futuro distante. A menudo es comparado con la experiencia de estar de pie en lo alto de una montaña y ver con una mirada amplia todo lo que ocurre abajo, lo que ha ocurrido y lo que sucederá. Fue sobre esa montaña santa donde Moisés estuvo de pie y escuchó la voz de Dios hablar sobre los hijos de Israel en esclavitud abajo en Egipto.

Momento de decisión

Éxodo 3-4

Hasta aquí hemos visto los procesos de encarnación, vida temprana, además de la insatisfacción y el dolor que causan los placeres naturales; también el intento por escapar hacia el limbo seguido por el contacto con un mentor espiritual. Esto ha conducido a un individuo a un arduo entrenamiento, ganándose el mérito de ser capaz de alcanzar un sitio y un momento donde la Gracia desciende para darle un atisbo de la realidad cósmica. Sin embargo, como el libre albedrío le fue otorgado a la humanidad, un ser humano puede aceptar o rechazar su destino. "Entonces Moisés se cubrió el rostro porque temía fijar su mirada en Dios." Entonces, Dios había hablado, diciendo que los clamores de los israelitas habían sido escuchados y cómo la Divinidad había descendido para llevarlos fuera de Egipto a la tierra de leche y miel. Visto de manera interna, el pasaje explica cómo el individuo debe ordenar y transformar su cuerpo y su psique para vivenciar el Espíritu de manera permanente. Visto de manera externa, Moisés está a punto de recibir la responsabilidad de llevar a un grupo de almas en estado inferior del ser, al más elevado que cualquier persona viva puede lograr en una vida. El papel que habrá de desempeñar está escrito en el verso: "…ponte en camino y te enviaré al Faraón para que hagas salir de Egipto a mi pueblo, a los hijos de Israel". En dicho pronunciamiento la tarea es ofrecida, no impuesta, porque debe ser un acto de libre albedrío. Como respuesta, el asom-

53

Ilustración 20. Destino. En su encuentro con la Zarza Ardiente, a Moisés se le planteó la que sería su misión. Su sino, hasta ese momento, parecía no tener rumbo; después todo se le aclaró. La milagrosa conversión de su báculo en una serpiente indicaba, sin lugar a duda, que el Todopoderoso lo apoyaba para cumplir su destino. A veces un evento extraordinario muestra al inseguro que se halla en el camino correcto; sin embargo, la decisión de seguirlo es elección personal (Biblia Banks, siglo XIX).

brado Moisés se retira: *¿Me anochi?*, "Quién soy yo para ir al Faraón y sacar de Egipto a los hijos de Israel". Moisés no puede creer que él es el elegido; que la Divinidad se dirige a él, que su nivel de desarrollo sea suficiente para ser considerado siquiera para la tarea. La respuesta es (en el hebreo original) *Kee EHEYEH imchah*, es decir: "Estaré contigo". Luego continúa un debate entre Dios y Moisés acerca de las razones por las que debe o no ir.

Dicho debate es de suma importancia porque muestra con claridad la certeza de la Divinidad y la duda humana. Cada vez que Dios da una razón para que acepte, Moisés se opone. Dios argumenta con gentileza pero también con firmeza, nunca le exige a Moisés que acepte ante el poder de la Divinidad, porque su relación es una de amor tanto como de temor, es decir que Moisés, estando en el lugar del ser, se halla en el eje del Conocimiento, entre las dos columnas externas. Esto es confirmado cuando Moisés pregunta qué Nombre divino debe utilizar. Al principio, es utilizado el primer nombre de Dios en la *sefirah* más alta en la Escalera de Jacob: *EHEYEHASHEREHEYEH* o "Yo soy el que soy", que define la Voluntad del Absoluto en el Universo manifiesto. Unas líneas después, para los hijos de Israel el nombre de Dios: *YAHVEH* será utilizado como un título más personal y misericordioso. Ése sería el nombre por el cual Dios sería recordado. En el nivel individual, se trata de la Divinidad que hace contacto íntimo con el ser humano. Con ese nombre, una persona puede llamar al Absoluto y unir todas las partes de su psique (representadas por los hijos de Israel) en una correcta relación con la Divinidad.

Cuando Dios explica a un Moisés perplejo la tarea que ambos tienen, se nos muestra la posibilidad de una cooperación consciente entre Dios y el ser humano. Moisés cuenta con el escenario del éxodo expuesto ante él, porque ya todo está ordenado, excepto los detalles. Por tanto, la resistencia del Faraón es anticipada, así como las plagas y la salida de Egipto de los israelitas cargados con regalos de los habitantes egipcios. La razón de este planteamiento es cósmica, porque el contexto histórico del suceso demostraría a numerosas generaciones que no habían nacido aún, el poder de la Voluntad divina, cuando Dios decide intervenir en los asuntos de la humanidad. Es con ese propósito que Israel fue elegido: para que siguiera la ley y viviera su destino como nación. El mismo principio se aplica en el nivel individual, porque la vida espiritual de una persona en ocasiones está sujeta tanto a la buena como a la mala fortuna, para mostrar a los demás cómo reaccionar ante el sino de acuerdo con los valores internos, ya que bastantes personas siempre son seguidas de cerca con gran interés, para ver si viven conforme a sus principios. Esto explica por qué varios individuos santos han sufrido tanto en condiciones que aparentemente no merecían y por qué su caída es mayor cuando desobedecen las reglas.

Para ayudar a Moisés y transformar la incredulidad de los israelitas acerca de su autoridad, la Divinidad realizó algunos milagros al transmutar el cayado o vara en una serpiente y haciendo que la mano de Moisés tuviera lepra. Visto con la perspectiva de la Kabbalah, vemos cómo la Voluntad divina aplicó los principios creativos para invalidar las leyes del mundo de la Forma y el de la Materia. Sin embargo, aunque Moisés se impresionó bastante, seguía resistiéndose para llevar a cabo la tarea, diciendo que él no era elocuente. El problema fue resuelto con la participación de su hermano Aarón, que podía completar el trabajo. Aquí vemos la manera en que Moisés comienza a tomar su posición tradicional kabbalística en el árbol psicológico en la *sefirah* de *Nezah* y Aarón en *Hod*, que son los roles de la Profecía y el Sacerdocio manifestados en el nivel del ser humano ordinario.

Después de algún tiempo, Moisés aceptó la misión, pero desempeñar el papel como instrumento de Dios no lo entusiasmaba. Tal renuencia por cumplir con el destino propio es bien conocida por quienes han alcanzado ese punto de espiritualidad, un momento en la vida particularmente interesante. Uno estudia la teoría de la Enseñanza esotérica y lleva a cabo ciertas prácticas; todo marcha bien en un proceso lento de crecimiento al que uno puede adaptarse. Ciertamente existen crisis ocasionales, pero éstas son superadas con facilidad con ayuda del instructor. De pronto, el instructor ya no puede ayudar; entonces hay una confrontación con el Yo-y-Tú y el reconocimiento del propósito de la propia existencia. Un momento tal aconteció a Moisés ante la zarza ardiente y con renuencia dirigió la mirada a los mundos inferiores, donde su labor lo esperaba. Para el individuo que se encuentra en ese punto, tal estado es conocido porque, como sabemos, nadie cree estar listo cuando es llamado a cumplir con su destino.

Momento de duda

Éxodo 4

Antes de regresar a Egipto, Moisés fue con Jetro para pedir formalmente ser liberado de su contrato. Ése es el procedimiento normal cuando un discípulo se aleja de su maestro. Según la tradición, Jetro dijo: "Vete en paz"; debía entrar a Egipto en paz y salir de esa tierra en paz; porque sabía que la tarea de Moisés era ayudar a redimir a quienes estaban esclavizados y llevarlos a la montaña sagrada. La tradición oral agrega que Moisés se fue a Egipto en el mismo asno que había cargado a Abraham al monte Moria, que para algunos significa "la visión de YAHVEH". Ese mismo asno, aunque es el más ignorante de los animales, de acuerdo con la tradición, sabría de la presencia del Mesías antes que Israel y lo llevaría a Jerusalén al final de los días.

De camino a Egipto ocurrió un incidente muy extraño, que está registrado en *Éxodo 4:24-7*. Ahí, Moisés, que tiene, *et matay ha ELOHIM,* la vara de Dios en su mano, descansa en una posada. Las escrituras dicen que YAHVEH le salió al encuentro y quiso matarlo. Durante varios siglos, ese incidente ha extrañado a numerosas personas. ¿Por qué Dios querría matarlo, después de tanta preocupación por él? La respuesta es simple para quien haya sido testigo de un suceso similar en la vida, cuando un hombre o una mujer que debiera saber lo que hace, a sabiendas no lleva a cabo su compromiso espiritual. Sí sucede, y dichas personas son degradadas del nivel de su trabajo espiritual, no sin antes haber recibido varias advertencias de la Providencia. "Mueren" sus posibilidades porque han evadido su responsabilidad. En el caso de Moisés, el desgano que mostró por ir a Egipto se impuso y estuvo demasiado tiempo en la posada como un acto de pereza o de obstinación. Dicha situación hizo que la Divinidad confrontara y amenazara la línea de su vida espiritual. En ese punto, la esposa de Moisés circuncidó a su hijo para recordar a su esposo la alianza hecha con sus antepasados respecto a su relación con Dios, así como su compromiso particular. Arrojó el prepucio a los pies de Moisés (*Éxodo 4:26*) con las palabras: "Realmente eres para mí esposo de sangre". Ese recordatorio mordaz sobre la interrelación del cuerpo, el alma y el espíritu tuvo el efecto esperado y el malestar de Moisés comenzó a disiparse. Las escrituras continúan: *Vayiref mimenu*, "Así lo dejó ir", es decir, el Señor no buscó más a Moisés para castigarlo. De acuerdo con la leyenda popular judía, Moisés casi fue tragado por los ángeles del Juicio y la Muerte hasta que Séfora lo rescató.

A partir de esa dramática recaída, la narrativa cambia a Egipto y a Aarón, que es informado por Dios de la llegada de Moisés. Entonces Aarón va al desierto a encontrarse con su hermano. Se reúnen en *Ba har* ELOHIM, la montaña de Dios (*Éxodo 4:27*). Es decir, esa parte en un individuo que ha crecido, incluso de manera rutinaria en la vida cotidiana, y se encuentra con la parte de sí mismo que ha evolucionado bajo disciplina. Eso es lo que ocurre en el estado psicológico de la conciencia de uno mismo, sobre las colinas más bajas de la montaña interna de Dios. Ahí se encuentra la zona que yace entre el espíritu y la psique, donde los dos hermanos se reúnen e intercambian sus experiencias de los mundos inferiores y superiores. Después de su reunión, descienden a Egipto y hablan con los ancianos de los hijos de Israel; lo cual significa que el conocimiento mutuo acerca del mundo interno y el externo es transmitido a la conciencia del ego y mostrado a las partes más bajas de la psique. Ahí, el elocuente Aarón de *Hod* explica todas las palabras dichas por Dios a Moisés; mientras que Moisés en la *sefirah* activa de *Nezah,* desde el pilar de la Profecía muestra las señales milagrosas con la vara-serpiente y la mano con lepra.

Debido a que las personas realmente vieron y percibieron los milagros, ellas (o la psique centrada en el cuerpo que representan) creyeron que el Señor "los había visitado" o que conocía su aflicción y, por tanto, se postraron. La razón basada en lo físico, las triadas del sentimiento y la sensación que rodean la mente del ego en el árbol psicológico son fácilmente impresionables con lo sobrenatural, pero también eso demuestra la diferencia entre la creencia y la fe. Uno puede creer sin tener conocimiento de lo que uno ha visto, en cambio la fe requiere conocimiento real. Hay prueba de ello más adelante una y otra vez a medida que los israelitas dejan de creer por no comprender la razón de su viaje.

En ese punto aparece el milagro para mostrar a la psicología centrada en los sentidos que existen otras dimensiones, así como esperanza de recibir ayuda. Sin embargo, la redención no llega de manera instantánea, como quisieran creer las personas que de pronto se convierten. Aunque la Gracia puede conceder un atisbo de otros mundos, no transformará el ser de una persona a menos que haya tenido bastante preparación. En el caso de los israelitas, éstos tenían poca o ninguna: sólo tenían el recuerdo de una promesa acerca de una tierra lejana.

Esa huella de la alianza que se halla muy dentro de nuestra psique es ilustrada bellamente por la historia rabínica de las señales que Jacob había dado a José y con las cuales reconocería al redentor. Ese fragmento de sabiduría había sido transmitido a una de sus sobrinas, Sarah, que aún estaba viva. Los ancianos la consultaban acerca de Moisés y ella confirmaba que ésas eran, en verdad, las señales de las que le había hablado su padre. Sin embargo, la siguiente tarea no sería tan fácil porque, pese a que los ancianos de la psique inferior vieron la posibilidad de una redención, eran muy débiles para acompañar a Moisés y Aarón a confrontar al Faraón, gobernante del cuerpo.

ACCIÓN

Primera reacción

Éxodo 5-6

La leyenda explica que el día en que Moisés y Aarón se acercaron al Faraón, éste celebraba su cumpleaños y, por tanto, se encontraba rodeado por gobernantes vasallos que habían llegado a rendirle homenaje. Por lo mismo, el Faraón quedó muy sorprendido cuando se enteró de que los dos hebreos no le habían llevado regalo y, en consecuencia, los hizo esperar cuanto quiso. Aunque en el *Talmud* se describe el palacio como una fortaleza inexpugnable, Moisés y Aarón no encontraron dificultad en entrar, porque contaban con la ayuda del arcángel Gabriel. Después de despedirlos, el Faraón castigó a sus guardias y los mandó reemplazar, pero sucedió lo mismo. La segunda ocasión, cuando Moisés alzó su báculo, los dos leones feroces en la entrada a la corte dieron la bienvenida a los hermanos; tal acción fue suficiente para hacer notar que los hebreos no eran personas comunes.

Visto a la manera kabbalística, se trata de la penetración del conocimiento espiritual en el cuerpo y en la psique inferior; se superan todos los patrones normales tanto físicos como psicológicos, que resultan desconcertantes ante una realidad más elevada. Una situación tal está bellamente descrita en la leyenda que explica cómo la corte quedó tan maravillada con la extraña luz que los hebreos irradiaban, que los escribas egipcios arrojaron sus libros al piso y se postraron ante una verdad más profunda.

Sin embargo, el Faraón tenía ceguera sensorial, porque cuando se le pidió liberar a los israelitas para que pudieran ir al desierto a hacer sacrificios al Señor, les preguntó: "¿Cuál es el nombre de su Dios? ¿Cuáles las tierras que posee? ¿Qué poder tiene? ¿Qué victorias ha obtenido?", como el ego que reduce todo a su experiencia sensorial. Moisés respondió que el Cielo era el trono de Dios y la Tierra su taburete; las nubes su escudo y el rayo su espada; que Dios había creado el Universo, así como los espíritus y almas, además de nutrir y sostener a toda la Existencia. El Faraón replicó que él no tenía necesidad de un dios, que él mismo se había creado y que tenía posesión del Nilo, fuente de toda la vida en Egipto. De tal modo se conducen las personas centradas en su cuerpo, y que no pueden aceptar algo más allá de lo físico. Para un individuo egocéntrico, la materia crea el cerebro y éste la mente sobre la que gobierna su voluntad.

Sin embargo, de acuerdo con su entendimiento literal, el Faraón utilizó su lógica y puso a sus escribas a buscar en los archivos (es decir, en la mente ordinaria) para saber si podían encontrar el nombre del Dios de los hebreos. Dicha acción fue observada por Moisés como algo inútil, porque era como "buscar la vida entre los muertos". He aquí una situación con frecuencia vivenciada por quienes tienen un enfoque espiritual y son confrontados por los eruditos que buscan la última palabra o autoridad en los libros y en la experiencia de los demás.

El comentario de Moisés acerca de la limitada inteligencia del ego no ayudó a los hebreos a conseguir lo que pedían; y el Faraón ordenó a sus oficiales que aumentaran la carga de trabajo a los israelitas y que, además, no les fuera dado el material para confeccionar ladrillos. Ante cualquier amenaza a su autoridad, su comodidad o sus deseos, el ego reacciona reprimiendo ferozmente a la psique esclava. Es comprensible que los israelitas hayan protestado por ver reducida aún más su libertad.

Moisés se acercó a Dios para saber por qué todo se estaba tornando más difícil (situación conocida cuando se inicia un trabajo espiritual). La respuesta (*Éxodo 6:1*) que recibió fue: "Ahora vas a ver lo que haré yo al Faraón: pues bajo la presión de una mano fuerte, los dejará ir..." Es decir, las condiciones para una confrontación dinámica estaban creándose, donde el considerable poder del cuerpo sería forzado para dar a la psique el impulso inicial en el viaje hacia el espíritu. Con frecuencia eso ocurre en el desarrollo de un individuo, en que la apatía física y la inercia psicológica son superadas por el simple rechazo de la situación. Algo debe hacerse para salir de una rutina que desgasta o para dejar de soñar en una vida mejor.

En ese punto, la Biblia vuelve a exponer la profunda desesperación de Israel y la alianza con los tres patriarcas. Es como si las escrituras explicaran que con la triada del alma compuesta por Abraham, Isaac y Jacob se conoce a Dios por el nombre de ELSHADDAI, el Dios Todopoderoso, pero no "por mi nombre YAHVEH". El Nombre divino dado a Moisés en la montaña sagrada establece una conexión entre los hijos de Israel y el Creador. Lo que está implícito es de vital importancia, ya que si este Nombre especial es dicho en una oración o plegaria, un individuo entablará comunicación directa con la Divinidad. A partir de tal contacto íntimo entre un individuo y Dios deriva el ofrecimiento de la redención, continuamente repetida en la Biblia. Sin embargo, los patrones habituales de la psique contribuyen al letargo y la incredulidad, simbolizados por el colapso moral de los israelitas ante el aumento de presión por parte de los egipcios. En desesperación, Moisés pregunta a Dios: "Si no me han escuchado los hijos de Israel, ¿cómo ha de escucharme ahora el Faraón, a mí, que soy torpe de palabra?"

Fenómenos

Éxodo 6-7

Al final de *Éxodo 6* se encuentra el linaje de las doce tribus, recordándonos que la salida de Egipto está basada en una leyenda tribal que ha sido adaptada con un propósito; porque debemos recordar que los escribas sacerdotales no estaban tan interesados en los hechos históricos representados en mitologías vivas como en entretejer el mundo interno y el externo, así como el inferior y el superior, que resuenan en episodios de la vida de un individuo cuando comienza un trabajo espiritual.

Éxodo 7 comienza con: "Dijo el Señor: Mira, yo hago de ti un dios para el Faraón; y Aarón, tu hermano, será tu profeta. Tú le dirás todo lo que yo te mande, y Aarón, tu hermano, hablará al Faraón, para que deje salir de su país a los hijos de Israel. Pero yo endureceré el corazón del Faraón, y multiplicaré mis señales y mis prodigios en el país de Egipto". Con esas impresionantes líneas, el Creador del Universo apela a la moral de un mortal acerca de un plan diseñado para demostrar la presencia de un poder más grande que cualquier otro conocido en la tierra o, de hecho, en los cielos. La redención de Israel, por medio de una serie de sucesos, marcaría el nacimiento de una nación elegida para mostrar la Voluntad divina en acción, sea una recompensa o un castigo, o la libertad otorgada por la Gracia. Así sucede en un individuo que se halla en esa etapa de desarrollo. En ese punto dramático, los sucesos in-

Ilustración 21. Conocimiento. La contienda entre los magos del faraón y Moisés se trata de los diferentes niveles de conocimiento. La magia en la que los egipcios eran maestros pertenece al ámbito psíquico de la Formación, lo que significa que podían producir y manipular imágenes. En contraste, Moisés tenía acceso al poder espiritual que puede, de hecho, transformar situaciones porque es creativo y cósmico. La diferencia es simbolizada con las serpientes egipcias que fueron devoradas por el báculo de Conocimiento superior de Moisés (Biblia Banks, siglo XIX).

ternos y externos sacuden sus patrones y cambian el curso de la vida.

Cuando Moisés y Aarón estuvieron de nuevo ante el Faraón para pedirle que liberara a los israelitas, realizaron el milagro de convertir una vara en una serpiente. La leyenda popular judía dice que el mago Balaam estaba en la corte y opinó que Moisés y Aarón eran magos. El Faraón ordenó a los sacerdotes egipcios igualar el acto con sus varas, y así lo hicieron. Sin embargo, la serpiente hebrea engulló a las serpientes egipcias; el Faraón se enfadó, y Balaam menospreció el suceso diciendo que era común en la naturaleza de las serpientes devorarse unas a otras.

Lo anterior nos dice que se puede ejercer oposición a la Divinidad mediante un poder oculto; es decir, la voluntad humana, que manipula el mundo psicológico de la Formación. Por tanto, un maestro como Balaam o, de hecho, cualquier persona bien entrenada en una escuela de magia, sabría cómo operar en ese ámbito para hacer o disolver formas a voluntad. Los adeptos egipcios podían controlar a voluntad la parte sutil del mundo físico superior y jugar con los sentidos, así como influir en el nivel psicológico de un espectador para que éste percibiera ante sí cualquier forma. Por el contrario, Moisés y Aarón obedecían la voluntad de Dios. Servían de conducto para lo milagroso. Aquí, la palabra milagro es crucial; en hebreo es *mofat*, traducida por los rabinos como "maravilla o prodigio", aunque no pertenece al mundo yezirático de las formas, sino al de la Creación, que es cósmico y, por lo mismo, de un orden bastante diferente, lo cual es demostrado por la manera en que la serpiente divina devoró a las serpientes de los egipcios.

Balaam no puede ver más allá de su vanidad y a su manera explica el episodio, más como una justificación propia que como una excusa por el fracaso de los egipcios. Sin embargo, la fábula dice que el Faraón quedó muy impresionado, en especial cuando vio que la vara de Aarón recuperó su forma original y no mostraba señal alguna de abultamiento por haberse tragado a las otras varas. Era claro que el poder de los hebreos era mayor. Pero añadió que si le hubieran pedido que liberara a unos cuantos miles, hubiera aceptado, pero a todos, no. Aunque en parte reconoció lo sucedido (por temor o superstición), no podía permitir que su dominio fuera amenazado.

En la evolución de un individuo, la confrontación entre la magia y los milagros adquiere importancia en el periodo de desarrollo en que usualmente hay un encuentro con dichos fenómenos. En un principio, el ojo inexperto no nota la diferencia porque ambas clases de sucesos son vistos como algo sobrenatural. Por tanto, al principio varias personas confunden los poderes ocultos de quienes han cultivado dichas habilidades como señales de desarrollo espiritual. Hay magos espirituales, pero son pocos porque la magia es más a menudo la búsqueda de poderes extraños que un servicio a la Divinidad. El sello característico del milagro es que no se origina en el ser humano; puede descender a través de una persona, pero ésta es sólo el conducto de la acción creativa. Sin embargo, por lo general, tales instrumentos humanos tienen un alto grado de pureza, o el espíritu que desciende no fluirá a través de ellos. La cualidad esencial del milagro es su dimensión cósmica y el lugar que ocupa dentro de un gran plan. Casi siempre los milagros son realizados para demostrar algún suceso relevante que afectará la vida espiritual de una persona o de muchas, todo el tiempo. El episodio de las diez plagas es un caso así.

Resistencia física

Éxodo 8-9

De acuerdo con la tradición rabínica, las diez plagas fueron divididas en cuatro etapas. Tres de las plagas las ejecutó Aarón; Moisés se encargó de tres; juntos ejecutaron una y las tres restantes fueron una intervención divina. Bajo la perspectiva kabbalística, lo anterior puede verse como los cuatro mundos, el pilar izquierdo y el derecho, el pilar central y la excelsa triada en el árbol de las diez plagas. Más aún, los rabinos consideraron que las plagas de Aarón tenían relación con la tierra y el agua, mientras que las de Moisés se relacionaban con el aire y el fuego. De nuevo, tal interpretación es bajo la perspectiva de los cuatro niveles de la Existencia.

La primera plaga con la que el río se convirtió en sangre, aconteció directamente después de la tercera ocasión en que al Faraón se le pidió liberar a los israelitas, lo que describe otro fenómeno esotérico: cuando la Providencia está por realizar algo, primero da un indicio, después informa lo que sucederá. De tal modo ocurrió con el Faraón que, después de ignorar la tercera advertencia, comenzaron las plagas.

Durante una semana completa, los egipcios fueron testigos de la presencia de la muerte mediante un exceso de sangre, símbolo de la vida. En el Nilo, arteria principal de su existencia, las aguas quedaron contaminadas debido a la muerte de los peces. El significado en el mundo físico es que la vitalidad se revirtió para revelar cuán vulnerable es el reino natural,

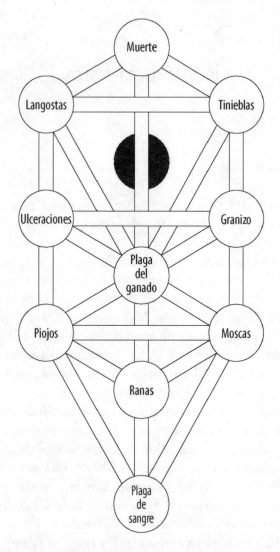

Ilustración 22. Diez plagas. Esas calamidades son los aspectos negativos de las *sefirot*. La palabra en hebreo para decir "sangre" está relacionada con la Tierra y, por tanto, se halla hasta el fondo. Las ulceraciones y el granizo simbolizan la implosión y explosión excesivas, mientras que la Muerte es la aflicción final. Los castigos al cuerpo son representados con Egipto y el faraón, instintos básicos que son difícilmente superados; las plagas representan disfunciones físicas del equilibrio (Halevi, siglo xx).

cuando ocurre un desequilibrio mortal. Pese a dicha lección, el Faraón seguía obstinado. Así sucede cuando el cuerpo es herido y sigue unido a la psique sin dejarla avanzar más allá de su dominio físico.

La segunda plaga de ranas que emergían del río para infestar la tierra, representa la acción desde la *sefirah* más baja y elemental de *Malkhut* en ascenso hacia *Yesod*. Ahí, la imagen yesódica de la rana aflige a los egipcios con la desagradable experiencia de la suciedad en todo lo que es manipulado. Ciertamente, tan malsana era su presencia que el Faraón dijo que si las ranas regresaban a su hábitat natural, él liberaría a los israelitas. Su petición fue cumplida, pero dio marcha atrás una vez que se vio libre de la amenaza. Esa conducta es característica de una decisión basada en los sentidos; cuando la presión cesa, el cuerpo conserva muy poca memoria.

El cambio de opinión en el Faraón tuvo que ver con el hecho de que los magos egipcios pudieron reproducir las dos plagas, igual que cualquier prestidigitador puede duplicar un fenómeno de la magia. Sin embargo, la tercera plaga de los piojos no pudo ser duplicada y los magos argumentaron que era una obra de ELOHIM, los dioses. Pese a dicho revés, el Faraón no quiso liberar a los israelitas, de manera que la nación entera fue abatida con los piojos que trepaban sobre las personas y los animales. Tal estado repugnante, en el nivel de un individuo, puede ser considerado un *Hod* afligido o procesos mentales en que la precisión de la función de esta *sefirah* es estropeada de manera que produce desórdenes psicosomáticos.

Cuando la petición de Moisés fue rechazada, comenzó la plaga de las moscas o bestias salvajes, como aparece en algunas traducciones. Esto puede verse como un *Nezah* con una sobre actividad o proliferación de vida animal, extendiéndose en cada parte del organismo. La disolución de la vida en Egipto sacudió al Faraón y, por tanto, pidió a Moisés que detuviera la aflicción, sobre todo cuando se percató de que las plagas no afectaban a los israelitas en la tierra de Gosén. Esto indica el inicio de la separación del cuerpo y la psique, confirmado en el versículo de *Éxodo 8:23*: "Os dejaré ir, y podréis sacrificar a vuestro Dios en el desierto…" El cuerpo aún estaba apegado a la psique. La confrontación se intensificó cuando Moisés insistió, porque sabía que los egipcios podían violentarse si los israelitas partían hacia el desierto para llevar a cabo su ritual. En desesperación, el Faraón aceptó pero dijo: "…a condición de que, al ir no os alejéis demasiado". El alma animal aún se encontraba dominante.

En los últimos versos de *Éxodo 8*, Dios aconseja a Moisés no dar espacio al Faraón para maniobrar. Esto es cuando el debate asciende a la posición de *Tiferet*, el lugar de la Verdad en el árbol de las plagas. Ahí, la Voluntad de Dios es claramente enunciada al cuerpo para que deje a la psique ser libre de la esclavitud y pueda adorar. Si tal petición es negada, entonces todas las funciones vitales del cuerpo se verán presionadas para dar libertad a su ya deficiente dominio, simbolizado por el reporte de que ninguna bestia en Egipto sería tocada por la terrible plaga que azotó al ganado. Aun así, el Faraón permaneció inflexible ante los acontecimientos que le resultaban demasiado abrumadores para ser comprendidos.

Las plagas siguientes (ulceraciones y granizo) se relacionan con *Gevurah* y *Hesed*, y siguen los aspectos negativos de esas dos *sefirot*, en que las ulceraciones son una forma concentrada y el granizo una fuerza incontrolable, respectivamente. Esas dos manifestaciones descendieron sobre los egipcios con tal poder, que incluso los magos, quienes hasta ese momento podían protegerse, fueron afligidos por éstas, mientras que los israelitas permanecieron libres de afectación. En Egipto todo había sido abatido, quemado o marchitado hasta que la voluntad sensorial, representada por el Faraón, se doblegó bajo la embestida y clamó para que cesaran las plagas, prometiendo, en su desesperación, que el pueblo de Israel sería liberado. Ésta es una situación conocida en momentos de gran presión, cuando el cuerpo prometerá lo que sea con tal de sobrevivir. Cuando cesaron las plagas, de nuevo el Faraón regresó a su actitud anterior, igual que las personas que han enfrentado una crisis. Sin embargo, tal respiro o pausa no fue el final del asunto, ya que aún no permitía que los hijos de Israel dejaran la tierra de constricción.

Descubrimiento

Éxodo 10-12

Antes de que Moisés y Aarón se acercaran al Faraón por octava vez, el Señor les dijo: "...pues yo he endurecido su corazón, y el corazón de sus siervos, a fin de obrar mis prodigios en medio de su pueblo, para que puedas contar a tu hijo y al hijo de tu hijo cómo me he burlado de los egipcios y qué prodigios hice yo entre ellos, y para que sepáis que yo soy el Señor". El pasaje hace énfasis en la majestuosidad del Creador del Universo y el efecto en la historia de la intervención divina que puede superar al mundo de las leyes naturales. En un nivel individual, el efecto de una intromisión así en una existencia cotidiana, por lo general sacude de manera profunda a la persona; sacude sus hábitos y expone interrogantes sobre el significado de la vida. Cualquier persona que se halle en un camino interno sabe de al menos un milagro en su vida, que la despertó de su dormitar espiritual. Hablando de naciones, tal punto de despertar es alcanzado por Israel en el periodo de la historia del éxodo.

Cuando Moisés y Aarón, que representan la única parte de la psique desarrollada hasta entonces, se presentaron ante el Faraón, o alma animal, y repitieron las palabras del Señor: "¿Hasta cuándo te negarás a humillarte ante mí? Deja ir a mi pueblo para que me rinda culto". En un principio, el Faraón cedió; luego, cuando escuchó que lo que exigían era la libertad de todos los israelitas, revirtió su decisión e hizo expulsar a los hermanos de su corte (o conciencia). Esa reacción tuvo consecuencias. Las langostas que cayeron sobre Egipto comenzaron a devorar cuanta fortuna y recursos habían permanecido después del paso de las otras plagas. Pronto no quedó nada verde sobre la tierra; es decir, el alma vegetal básica que apoya el alma animal estaba entonces amenazada. El Faraón se sintió atemorizado y comenzó a implorar ayuda. Pero volvió a sentirse confiado luego de que las langostas se habían ido y Egipto ya no estaba amenazado por esa plaga. Entonces, la oscuridad, la novena plaga, descendió sobre todo Egipto, excepto sobre la tierra de Gosén.

Visto de manera kabbalística, las langostas representan la destrucción de *Binah* o el sistema de la forma de la vida en Egipto, en tanto que la oscuridad es la restricción de *Hokhmah* o fuerza vital. Por tanto, durante la oscuridad de tres días, los egipcios permanecieron sin moverse; dicha parálisis, tanto del nivel vegetal como animal de Egipto, hizo que el Faraón se viera forzado a llamar a Moisés para decirle que se llevara a los israelitas y fueran a honrar al Señor. Sin embargo, la condición era que sus rebaños debían quedarse; o sea, la fortuna o vitalidad de los israelitas tenía que permanecer en Egipto. Moisés contestó que Israel necesitaba los rebaños para comer y para los sacrificios, pero el Faraón reaccionó como sólo el alma animal en pánico puede reaccionar, descartando de su mente poco comprensiva todo el asunto y amenazando de muerte a Moisés si volvía a verlo. Moisés respondió con seriedad: "Bien has dicho; no veré más tu rostro".

Como preparación para dividir las dos naciones o niveles, la Divinidad instruyó a Moisés para que alistara a los israelitas. Debían ir con los egipcios para pedirles alhajas y oro, es decir, las riquezas del mundo físico. Luego, tenían que prepararse para la pascua, ritual diseñado para reunir a todo el pueblo, o los diferentes aspectos de la psique, en un todo coordinado y uti-

Ilustración 23. Ángel de la muerte. Los primogénitos en Egipto son aniquilados. Esa sacudida física permite al alma, representada por los israelitas, escapar del dominio del cuerpo. En ocasiones, una enfermedad grave hace que el individuo contemple su mortalidad y comience un nuevo estilo de vida basado en principios espirituales. Visto de otro modo, algunas situaciones deben morir antes de comenzar el camino a la Tierra Prometida (Biblia Banks, siglo xx).

lizar ese tiempo como una iniciación profunda. En consecuencia, en un individuo sucede algo similar; algún acto ritual es llevado a cabo para marcar un cambio de estado. En ciertas tradiciones hay ceremonias elaboradas, en otras se hace un simple aunque potente ademán o señal para indicar el pasaje de la esclavitud a la libertad.

La forma del ritual de la pascua está descrita en detalle en la Biblia. Al principio, se ve como si se llevara a cabo durante el primer mes del año y en el décimo día; es decir, al inicio de un nuevo ciclo y luego de completar las diez primeras etapas de preparación sefirótica. Ese día se lleva a casa un borrego que no tenga ningún defecto y es conservado por la comunidad hasta el catorceavo día, o sea, la mitad de un ciclo lunar o yesódico, luego se sacrifica durante un momento crucial al atardecer del día. Aunque las instrucciones puedan parecernos primitivas, estaban en el contexto de esa época, que aceptaba ideas esotéricas como forma ritual de las costumbres locales. Por tanto, matar el borrego es aniquilar la voluntad animal en Israel, y su sangre untada en el dintel de la puerta es la señal externa del logro. También era una protección contra el ángel de la muerte que pasaría por ahí, llevándose las vidas de los primogénitos egipcios y afligiendo a los dioses de Egipto.

El relato detallado de lo que ha de comerse en esa última cena en Egipto está lleno de simbolismos usados hasta hoy día en todo hogar judío que celebra la pascua. Por ejemplo, hay un platillo de color cemento que, junto con el agua salada y las hierbas amargas, representa el trabajo arduo, las lágrimas y la dureza de dicho periodo. Es costumbre que los hombres de ciertas comunidades se apoyen sobre almohadones para recordar la comodidad de los egipcios, y otros símbolos, como el pan sin levadura y la copa de vino reservada para los ángeles actúan como recordatorios de esa etapa de desarrollo tanto histórico como personal.

Quizá la instrucción aún más esotérica es el método en que se ingiere esa última cena. El texto dice: "Tendréis ceñida la cintura, las sandalias en los pies, y el cayado en la mano. Lo comeréis de prisa". En la actualidad, la urgencia por liberarse no es un elemento en el rito de la pascua, pero el significado espiritual está implícito en la ceremonia, ya que cada persona debe considerarse como si en realidad fuera un israelita preparándose para dejar la tierra de esclavitud.

A los israelitas se les dijo que estuvieran preparados para alejarse con rapidez porque la plaga más devastadora estaba por azotar Egipto. La muerte de los primogénitos cortaría la conexión entre el cuerpo y la psique. En medio de la conmoción, los egipcios estarían tan preocupados que dejarían ir a los israelitas. En el nivel individual, a menudo la conmoción libera la psique de los hábitos del cuerpo y precipita un cambio interno. De esa manera, cuando el ángel de la muerte eliminó a los primogénitos, el vínculo de los israelitas con Egipto se rompió y pudieron irse llevándose con ellos todas sus posesiones.

Conforme los israelitas dejaban la casa de la esclavitud, los egipcios les entregaban todo lo que querían y más para deshacerse de ellos antes de que todo Egipto fuera destruido. En el nivel individual, esa nueva libertad es sólo el principio porque, aunque el cuerpo había estado dominado por el sometimiento, la psique, como los hijos de Israel, aún era en ese punto una plebe tribal, es decir, un conjunto de sentimientos, pensamientos y acciones desordenados. La organización de esos elementos indisciplinados no es instantánea, tampoco la determinación del alma animal puede ser ignorada con tanta facilidad después de la conmoción de su derrota.

Comienzo del viaje

Éxodo 13-14

Para dar un sentido profundo de iniciación, una serie de reglamentos fueron señalados a los israelitas; éstos serían por siempre observados durante la noche de la pascua judía o *Pesaj*. Prácticas como ésa son comunes en la etapa inicial en un camino espiritual. En el nivel vegetal de actividad (la preocupación por el alimento), la comida de Pesaj fue transformada en un ritual que elevaba el nivel de los presentes. Ese recordatorio anual del éxodo es particularmente rememorado en nombre de la primogenitura del pueblo, no sólo porque fue omitida por el ángel de la muerte, sino porque ese estatus representa el comienzo de una nueva generación, una nueva vida. De la misma manera, la práctica de comer pan sin levadura durante siete días era para recordar las siete etapas de ascenso fuera de la esclavitud, es decir, la supremacía del cuerpo y el ego, la obtención de la buena voluntad, luego de la voluntad, la sumisión del alma, el acceso al espíritu y el contacto con la Divinidad.

Como lo solicitó José, los hijos de Israel cargaron con sus huesos, de manera que pudiera ser enterrado en la Tierra Prometida, junto con sus antepasados. Ésta es la remoción simbólica del primer hebreo que residió en Egipto. Con la remoción de los huesos se termina el proceso del descenso en la carne y comienza la vuelta a ascender. En hebreo, a tal regreso se le llama *Teshuvah*, que en un individuo se compara con el inicio de su redención.

Antes de lo que está descrito en las escrituras, las leyendas judías registraron un intento anterior por alcanzar la Tierra Prometida, lo que, desde el punto de vista de un individuo, resulta un aprendizaje. La tradición dice que en la tribu de Efraín, hijo de José, apareció un hombre que decía haber escuchado a Dios decirle que guiara a los israelitas fuera de Egipto. Debido a su origen aristocrático y por la posición e influencia que José ejercía en Egipto, los efrainitas asumieron que el resto de las tribus lo seguirían. Pero eso no sucedería, porque no era el momento preciso, tampoco se trataba del hombre adecuado, aunque pensara estar inspirado por una visión. No obstante, su propia tribu lo siguió al desierto llevando sólo armas y dinero, ya que esperaban comprar o tomar por la fuerza algunas provisiones durante el camino. Cuando tuvieron hambre se acercaron a los pastores para pedirles alimento, a quienes, desde luego, no les servía el dinero en el desierto, de manera que los efrainitas los atacaron. Su conducta provocó una reacción violenta en los habitantes locales, que masacraron a casi todos los efrainitas menos a diez; quienes sobrevivieron contaron la historia de lo sucedido en Egipto. Para los kabbalistas, el mensaje implícito es bastante claro. Uno no puede pretender hacer el viaje interno sin una verdadera preparación. La fuerza y la riqueza son inútiles ante la dimensión espiritual, y las visiones no son siempre originadas por una Fuente divina. Éstas pueden ser originadas por la propia vanidad o el orgullo de poseer bienes que no fueron ganados. La lección es que no siempre la ruta más corta es la mejor. En casos individuales, tal fracaso sucede cuando personas sin preparación han intentado un ascenso directo mediante el uso de drogas o prácticas excesivas que dañan su cuerpo y mutilan su psique.

Por esa razón, durante la primera excursión al desierto psicológico, Moisés tomó una desviación lejos de la ruta más corta para evitar que los israelitas tuvieran miedo de los cuerpos que yacían sin enterrar entre el reino de Egipto y la tierra espiritual de Canaán. La simple insinuación de enfrentar una contienda también pudo haber disuadido a quienes todavía pensaban, sentían y actuaban como esclavos. Después de 430 años de ser serviles, los israelitas habían perdido su dignidad; más aún, con el crecimiento de las tribus, el sentido de familia había sido socavado por la competencia, la división, la rivalidad y la desunión. Visto en el nivel personal, la psique de una persona joven es simple, pero con la madurez, la vida se vuelve más compleja, conforme la naturaleza de la persona se diversifica y entra en desacuerdo consigo misma, cuando las distintas necesidades emocionales y los conceptos luchan uno contra otro en varios niveles de la psique. Esto crea las contradicciones características y el desacuerdo en los aspectos conscientes e inconscientes de la persona promedio sin entrenamiento. Fue en esa etapa que los israelitas acamparon a orillas del desierto en Etam, que significa "borde del mar".

En términos kabbalísticos, el Mar Rojo es la orilla del mundo de *Yezirah* o la frontera del inconsciente, entre *Hod* y *Nezah* del árbol psicológico. Según las escrituras, en ese sitio el Señor se presentó ante ellos en un pilar de nubes durante el día y uno de fuego por la noche. Este símbolo de guía divina los conduciría durante años a través del desierto. Los individuos que alcanzan dicha etapa reconocen esa presencia en su vida, tanto en momentos de iluminación como en la oscuridad psicológica. Ese pilar es la *Shekhinah* o Presencia divina, que es perceptible para quienes se hallan en un trabajo espiritual.

Mientras los israelitas acampaban cerca del mar, Egipto se recuperaba de la conmoción; y el corazón del Faraón se endurecía con la venganza, quien trataba de idear la forma de sorprender a los israelitas atrapados entre el desierto y el mar. En el nivel personal, esto puede verse como la respuesta del cuerpo ante la iniciativa de la psique. Una acción destructiva del alma animal no resulta desconocida. La pasión tiene su lado oscuro, y una poderosa determinación por morir si el deseo es frustrado.

En tal estado de perversidad, el Faraón y sus huestes cabalgaron hacia el desierto para destruir a los israelitas. Al ver acercarse el ejército del Faraón, varios de los israelitas dijeron a Moisés: "¿Es que no había bastantes sepulcros en Egipto, para que nos hayas traído a morir en el desierto?" Dicho lamento resulta conocido cuando se presenta la primera crisis después de un cambio. Las partes inferiores de la psique dicen: "¿No dijimos que esto pasaría? Déjanos para que sirvamos al cuerpo. Es mejor ser esclavos que morir en el desierto de lo desconocido".

En un punto tal es cuando comienza la lucha interna entre las distintas partes de la psique, representadas por las diferentes facciones de las tribus. Ante las primeras dificultades, los elementos más obstinados reaccionan de acuerdo con los hábitos arraigados. Moisés y Aarón, que ocupan el lugar en la derecha e izquierda de los pilares en *Nezah* y *Hod*, respectivamente, contestan al decir: "No temáis; quedaos tranquilos y veréis la salvación que el Señor llevará hoy a cabo a favor vuestro". Es decir, miren en su interior y vean cómo opera la Divinidad. En esa etapa sólo la esperanza y la confianza pueden mantener estable a la psique sin entrenar, cuando es confrontada con los ejércitos del cuerpo. "El Señor combatirá por vosotros y vosotros no tendréis que hacer nada", dijo Moisés conforme se acercaban las huestes del Faraón.

Punto de no retorno

Éxodo 14-15

Cuando los israelitas entraron en pánico por haber visto a los egipcios, recibieron la instrucción de levantar el campamento. Entonces, Moisés alzó el báculo que había sido creado desde los inicios del Mundo y lo extendió sobre las aguas, que en un principio (de acuerdo con la leyenda popular) no reconocieron el mandato humano. Pero cuando el mar percibió que el báculo llevaba el Nombre divino, se partió en dos. La tradición dice que la división ocurrió tanto en la Tierra como en los mundos de arriba, de tal forma que la Gracia pudiera descender directamente para ayudar a escapar a los israelitas. En la experiencia individual, lo anterior se puede constatar cuando todo lo relacionado con alguna transformación interna se refleja en sucesos externos que coinciden con el cambio en el estado de la persona. De acuerdo con otra tradición oral, el Mar Rojo no se abrió hasta que el primer israelita dio el primer paso, creyendo que se *abriría*, y aun otra nos cuenta cómo compitieron las tribus por ser la primera en cruzar. Todas esas anécdotas describen las diversas actitudes de las distintas partes de la psique al dar el paso inicial hacia el punto del no retorno.

La literatura rabínica nos señala que la división del mar fue el primero de diez milagros asociados con el cruce de un lado a otro; éstos incluyen la apertura de doce senderos, uno para cada tribu; agua dulce emanando de las saladas, para satisfacer la sed de los israelitas; y el fenómeno de que, cualquier antojo que tuvieran los israelitas, como una manzana, podía ser extraído de las olas. Éstos y otros sucesos representan la entrada a un dominio totalmente distinto. Fue un acto de la Gracia que les permitía una probada de lo bueno que estaba por venir. Con frecuencia, las personas que cambian de un estado mundano a una condición más elevada tienen experiencia de tales fenómenos. En ese estado transitorio, pueden ocurrir atisbos y probadas del Edén, así como presentarse oportunidades inesperadas a un individuo que, durante un periodo de enamoramiento, tiene experiencia de lo que es posible y que hasta el momento sólo había leído en cuentos de hadas esotéricos o en la literatura sagrada.

La leyenda popular judía habla de la confrontación entre el ángel de Egipto, Uzza, y el arcángel Miguel, defensor de Israel. En esta competencia, que no sólo describe el conflicto celestial sino la batalla entre los arquetipos inferiores del cuerpo y los arquetipos superiores de la psique, los dioses de Egipto son castigados por la ingratitud hacia la casa de Israel, cuya sabiduría había salvado a la nación de la hambruna en tiempos de José. Es decir, el alma animal había olvidado la presencia del espíritu que le había concedido vida y visión; en cambio, había esclavizado a los hijos israelíes o la psique que moraba en la tierra del cuerpo.

"Y el ángel de Dios, que iba delante de las huestes de Israel, cambió de lugar y se puso detrás de ellos. También la columna de nube que iba delante de ellos se puso detrás, entre el campo de los egipcios y el de Israel" (*Éxodo 14:19*). Por tanto, no hubo contacto mientras los egipcios perseguían a los israelitas a través del sendero en el mar. El texto continúa describiendo cómo el Señor miró al anfitrión egipcio, a través de la columna de fuego y nube, y los trastornó haciendo que exclamaran: "Huyamos ante Israel, porque el Señor pelea por ellos contra Egipto". Ése es el punto crucial en el conflicto entre el

Ilustración 24. Pilares de fuego y humo. La imagen muestra las dos columnas laterales del Árbol sefirótico, con Moisés en la columna central como líder y contacto directo con la Divinidad. En ese punto, los israelitas eran una
chusma desorientada y de mentalidad de esclavos. El paralelo en un individuo es cuando enfrenta la libertad sin guía o enseñanza y se pierde o con-
funde. Los dos pilares de teoría y práctica revelan el sendero recto y angosto
en el día y la noche (Biblia Banks, siglo XIX).

cuerpo y la psique, porque el alma animal comienza a darse cuenta de que no puede operar fuera de su dominio. Así, el anfitrión egipcio comienza a dudar, a medida que se va alejando cada vez más de su costa, es decir, del lado que divide la psique del cuerpo. La saga continúa para señalar que, a pesar de ese movimiento fuera de la profundidad, los egipcios aún querían herir a los israelitas con flechas y lanzas apoyados por el espantoso sonido de cuernos y trompetas. Éstos fueron repelidos por el estallido de truenos y relámpagos de las huestes angélicas. En el contexto de un individuo, es símbolo de las actividades del inconsciente profundo, o de los centros psicológicos superiores que operan por encima del ego, mientras se separa de la esclavitud (o *Daat* del Conocimiento) del cuerpo para convertirse en el honorable sirviente de la psique.

Después de que todos los egipcios alcanzaron el otro lado del Mar Rojo, a Moisés se le instruyó que extendiera la mano para que el mar regresara a su lugar. Por tanto, los egipcios que podían haber continuado con su persecución mientras la tierra estuviera seca, se vieron atrapados entre dos mundos cuando las aguas regresaron. Dicha situación no es desconocida para quienes buscan poder en las aguas peligrosas de la hechicería y la magia. Es un punto que, para aquellos cuyos pies dejan de pisar la tierra pero no tienen deseos de llegar al otro lado de la costa, ahogarse en mareas traicioneras es un riesgo.

La leyenda dice que cuando lo egipcios se estaban ahogando, las huestes del cielo se regocijaron. Por ello, fueron reprendidos por Dios, quien dijo que, aunque la Justicia fue llevada a cabo, había sido un asunto penoso porque el Creador no disfruta con la destrucción de Sus criaturas. Desde el punto de vista kabbalístico, es la prueba de cuán lejos puede penetrar el cuerpo en la psique y, si vemos la intercalación del árbol del cuerpo en el de la psique, la teoría y la experiencia lo confirmarán. El momento de apartarse de la influencia dominante del cuerpo llega cuando el enfoque de la conciencia cambia de mundo para volverse principalmente psicológico; dicho cambio es simbolizado por el arribo al otro lado del Mar Rojo. Cuando los israelitas volvieron la mirada, no sólo vieron que su camino se cerraba por las aguas, sino también a los egipcios muertos que yacían en la costa. Por un momento, los israelitas se pasmaron ante la mortalidad de esos poderosos símbolos de la carne. Luego se dieron cuenta de que eran libres por la Gracia de Dios. Sin esfuerzo propio, habían sido extraídos de la sombra de la muerte física y llevados hacia la posibilidad de la inmortalidad. Esto ocurre cuando lo milagroso abre el ojo del alma en medio, quizá, de gran sufrimiento o de alegría, en la quietud total o en la actividad intensa, para atisbar al Paraíso y aun al Cielo, más allá del dominio de la Naturaleza. Por tanto, fue en ese momento que Moisés y los hijos de Israel alabaron a Dios cantando: "¿Quien como tú, oh, Señor…? Con tu gracia has guiado a este pueblo que Tú rescataste, Tú lo has conducido por tu poderío a tu santa morada".

Rebelión y reglas

Remordimientos

Éxodo 15-16

Por desgracia, un momento de triunfo y éxtasis tal tenía que pasar, como las condiciones ordinarias que comienzan de nuevo a afirmarse. Esto se muestra inmediatamente después de cruzar el Mar Rojo, cuando Moisés guía a los israelitas al desierto de Sur, que significa "dar vueltas alrededor de", "enemigo" y "a la espera". En ese sitio comenzó el uso de la razón acerca de lo que implicaba salir de Egipto.

El versículo en *Éxodo 15:22* dice: "...caminaron tres días por el desierto y no encontraron agua. Llegaron a Mara; pero no pudieron beber el agua de Mara por ser amarga". (Mara quiere decir amargo.) "Entonces el pueblo murmuraba contra Moisés...." Dice la tradición que no era sólo debido al sabor de las aguas, sino que cuando los israelitas vieron la destrucción de los egipcios, muchos de ellos, creyendo que no era seguro volver, desearon continuar su vida como era antes. Tal condición ocurre porque la psique sin entrenar cree posible regresar a los viejos hábitos con completa inmunidad cuando la voluntad del cuerpo ha sido domada. Más aún, la leyenda bíblica explica que el mar había lanzado fuera varios tesoros de los egipcios ahogados y por eso muchos israelitas no podían alejarse de la playa; seguían retenidos por las fruslerías del mundo inferior. Sólo cuando Moisés les recordó que fue por la Gracia divina que habían sido liberados y se encontraban a salvo, tuvo éxito en persuadirlos para que se alejaran de ahí y partieran hacia el desierto.

Bajo la perspectiva kabbalística, Mara y el desierto de Sur representan la comprensión de que en el viaje espiritual uno ya no puede depender del apoyo del mundo físico. Lejos quedan los innumerables sustentos y entretenimientos que mantienen adormecido al cuerpo y atrapada a la psique. El desierto era yermo y la perspectiva, horrible. No había nada que esperar en un resplandor que se desvanecía, sino bastante esfuerzo y sufrimiento sin la garantía de éxito. Si eso era la libertad, hubiera sido mejor pensarlo dos veces. Una reacción tal sucede cuando el ego, cuya percepción es sólo en términos de la experiencia mundana, comienza a no ver más que la situación inmediata. De manera que las aguas en medio de lo que parecía ser desolación son en verdad amargas cuando se las compara con la dulzura del Nilo y sus fértiles bancos.

Y Moisés "clamó al Señor y el Señor le mostró un madero que él echó en el agua, y el agua se volvió dulce". Para el kabbalista, dicho simbolismo es relevante porque el árbol representa una analogía con la Existencia, cuya raíz está en el mundo de la Emanación, su tronco en el de la Creación, las ramas en el de la Formación y sus frutos en el de la Acción. De ahí que la Gracia se extienda hacia abajo para mantener y endulzar los niveles inferiores del Universo. El uso de las analogías ilustra con precisión lo que los escribas tejieron en la enseñanza esotérica y que sabían exactamente lo que pretendían con ello. Esto está descrito con más detalle en la Biblia con la traducción siguiente: "Allí el Señor dio al pueblo una ley y un derecho, y allí lo puso a prueba. Y dijo: si escuchas de veras la voz de tu Dios, y haces lo que es recto a sus ojos; si das oídos a sus mandatos y si guardas todas sus leyes, no te enviaré ninguna de las enfermedades con que he afligido a Egipto, porque yo soy el Señor, el que te sana".

El versículo anterior (*Éxodo 15:25-6*) revela con claridad las reglas de una disciplina espiritual. Si uno obedece la Enseñanza, no ocurrirá lo que a las personas no iniciadas por ignorancia o ingenuidad. Los sufrimientos que azotan al alma animal no afligirán a quienes buscan la verdad, porque el Señor será su sanador. A la luz de la vida diaria, tal ofrecimiento resulta extraordinario, aunque esto ha sido confirmado por varias personas que han caminado por la senda espiritual. Por tener la atención centrada en los mundos superiores, al santo y al sabio se les exenta de la presión mundana y del aburrimiento. Incluso quien apenas comienza el camino espiritual confirma que la Providencia lo está cuidando.

La presencia de una enseñanza esotérica es aún más indicada en el siguiente verso. Cuando los israelitas llegaron a un lugar llamado Elim, que significa "lugar de los árboles", encontraron doce fuentes y setenta palmeras, donde acamparon. De acuerdo con la tradición, cada una de esas fuentes refrescó a cada una de las doce tribus o tipos espirituales del ser humano. Los setenta árboles se relacionan con las almas que originalmente descendieron a Egipto, y que llegarían a ser los setenta ancianos de Israel, que guiaron al pueblo bajo la dirección de Moisés y formaron el consejo interno de los sabios. Percibido en términos de un individuo, setenta son las partes de la propia psique con suficiente desarrollo para que repercutan sobre el resto del organismo. Visto en una escala mayor, representan el nivel espiritual de la humanidad o, según la tradición judía, la casa de Israel. En otras tradiciones son conocidos como la Compañía de los Benditos, la Comunión de los Santos y la Gran Hermandad.

Desde Elim, lugar de instrucción y esparcimiento, los israelitas se internaron más en el desierto hasta que llegaron al desierto de Sin, que quiere decir "lugar de fangosidad", de "pasión aborrecible", "rabia" y "combate". Llegó el momento en que estallaron contra Moisés todos los arrepentimientos y temores que habían sido reprimidos, cuando los israelitas murmuraron: "¡Ojala hubiéramos muerto a manos del Señor en la tierra de Egipto, cuando nos sentábamos en torno a las ollas de carne, y comíamos pan en abundancia!" La furia contenida de la psique inferior dio rienda suelta a su impulso al ver alejarse una vida incómoda pero segura sólo para tener una muerte más miserable aún.

Por fortuna, Dios entendió los temores de los israelitas y mientras Moisés lidiaba con el pánico, el Cielo se preparaba para aliviar el hambre de los israelitas, enseñándoles cómo seguir una instrucción sencilla. El entrenamiento en el desierto estaba por comenzar.

Comienzo de la disciplina

Éxodo 16

Hasta ahora la posición de los israelitas, en el nivel de un individuo, refleja la situación siguiente. La persona ha despertado y encontrado un camino para salir de la esclavitud que encierra al alma y al espíritu en el cuerpo. Ha pasado las etapas tempranas con ayuda de arriba en forma de una guía, que puede verse como un maestro interno o externo. Dicho instructor, ayudado por la Providencia divina, ha llevado al individuo a un punto crucial de no retorno donde el trabajo consciente tiene que empezar o dejará de haber algún progreso, dejando al discípulo varado en el desierto entre el cautiverio de la Tierra y la libertad del Cielo. El desierto es la cara inferior del árbol psicológico o mundo de la Formación. La psique, como los israelitas, está compuesta por una confederación de unidades, familias de complejos y tribus de niveles inconscientes que se mantienen unidos mediante un vínculo de afinidades disgregadas. En una persona sin disciplina no hay organización psicológica desarrollada, sino sólo una masa amorfa de elementos que, como los israelitas, pueden ser fácilmente desviados y derribados por el miedo y la confusión, por factores internos y externos. Con el objetivo de empezar a crear algún orden en una psique inmadura, todas las enseñanzas esotéricas transmiten instrucciones aparentemente simples pero estrictas, diseñadas para iniciar el proceso de una verdadera disciplina. Por supuesto que esos mandatos deben ponerse a prueba (recorde-

Ilustración 25. Maná del cielo. Muchos damos por sentado lo que el Universo nos da; sin embargo, al comenzar el viaje interno nos percatamos de que nos falta sustancia y energía tanto psicológica como espiritual. El desierto del Sinaí representa esa parte estéril de nuestro proceso. Los israelitas pronto se quejaron de estar mal alimentados hasta que el alimento les llegó del cielo en forma de maná, símbolo del nutrimento interno, vital para el alma (Biblia Banks, siglo XIX).

mos la manzana prohibida); de otra manera las lecciones inherentes no serán aprendidas y no se podrán otorgar privilegios ni responsabilidades mayores. La función de la disciplina es entrenar la voluntad, no sólo para poder controlar las diversas facciones de la psique, sino para contener la fuerza coordinada y así dirigirla bajo obediencia de la ley espiritual y ser útil al Creador. Por tanto, la Divinidad se interesará en el proceso e intervendrá si la experiencia del maestro no es adecuada.

Luego, los israelitas se quejaron de que morirían de hambre en el desierto y el Señor dijo a Moisés que llovería maná del Cielo; o sea, que caería alimento del mundo creativo del Espíritu. En esa etapa dicho sustento es vital para el alma débil. Sin embargo, con ese acto de Gracia llegó la instrucción de que las personas sólo recogieran la dotación de un día y en el sexto día, la medida para dos días. Se trataba de una prueba para ver si podían seguir instrucciones (aunque tenían mentalidad de esclavos por hábito, sí poseían libre albedrío que debía ser ejercido en esa situación totalmente nueva).

Moisés, como intermediario entre Dios y los israelitas, dijo al pueblo que la Gracia divina proporcionaría su sustento, porque habían olvidado que era el Señor con quien trataban y no con Moisés. Éste es un error con frecuencia cometido por estudiantes que ven a sus maestros espirituales como una figura paternal proveedora o una proyección de la Divinidad.

De acuerdo con la tradición, el maná es creado en el tercer Cielo, el lugar al que un individuo, durante un ritual, rezo o contemplación, puede elevarse y recibir instrucción sobre los misterios de la Creación. Nos dice la Kabbalah que desde ese nivel espiritual, llamado el Cielo de la Sinceridad, desciende una Luz pura para iluminar a las doce tribus. La leyenda afirma que el maná prometido descendió durante la noche, es decir, en el estado inconsciente, para que, cuando las personas despertaran en la mañana, percibieran su presencia en la mente consciente. El maná adquirió la forma del alimento que más satisfacía a cada individuo. Para el niño, se volvió leche; para el joven, pan; para el viejo, miel; y para el enfermo, cebada remojada en aceite y miel. Con el maná llegaron bandadas de codornices. Si el maná representaba el pilar del lado derecho de la Misericordia, las codornices eran el lado izquierdo de la Severidad, como más tarde verían las personas que recogieron demasiadas y murieron por una plaga como resultado de su glotonería (*Números 11: 33-4*). Sin embargo, los israelitas no fueron sometidos a tal grado de severidad en esa etapa temprana de disciplina por haber recogido demasiado maná o porque lo guardaron por la noche, lo que había estado prohibido hacer. Ese maná se llenó de gusanos y hedió, una advertencia contra tomar para uno mismo lo concerniente al espíritu y los peligros de los excesos, incluso en asuntos sagrados. No es inusual que las personas demasiado fanáticas desarrollen un desequilibrio psicológico cuando toman demasiado del espíritu. Lo suficiente para un día basta.

La instrucción relacionada con el maná del día sábado es interesante, pues dice al estudiante que, aunque debe trabajar para recoger el maná para merecerlo durante la semana, el día del descanso le recuerda que debe confiar en Dios; principalmente, darse cuenta de que la Gracia le proveerá. Por tanto, a los israelitas se les dijo que dedicaran el tiempo del sábado para estudiar y orar. Algunas personas desde luego desobedecieron y ese día no encontraron nada, nada de nada.

Moisés mismo bajo instrucción dijo entonces a los israelitas que guardaran una medida de maná para las generaciones futuras, para mostrarles cómo el Señor los había alimentado en el desierto después de haber sido sacados de Egipto. Así lo hicieron; lo guardaron en una vasija, *lifnay* YAHVEH, "delante del Señor". Ese testimonio lo saboreamos hoy, mientras leemos la

Biblia, que es un receptáculo de la Enseñanza ante el rostro de Dios.

La ración diaria del maná era proporcionada a las personas todos los días mientras estuvieron en el desierto, hasta que llegaron a la frontera de la tierra que emana leche y miel. Ahí dejó de darse porque los israelitas entrenados y maduros serían capaces de tomar directamente el alimento del Cielo. Sin embargo, dicho estado de ser estaba a cuarenta años de experiencia por suceder.

Renovación

Éxodo 17

Cuando los israelitas salieron del desierto de Sin o "pasión aborrecible" y "rabia" para acampar en Refidim, cuyo significado es "apoyo", "descanso" y "refrescamiento", tampoco encontraron agua, lo que provocó de nuevo los gritos de protesta. Moisés replicó: "¿Por qué os querelláis contra mí? *Ma tenasoon et Yahveh*, ¿Por qué tentáis a *Yahveh*?" Dicho fenómeno es recurrente en el camino espiritual, cuando un alumno protesta para poner a prueba a su guía y, ciertamente, a Dios.

De acuerdo con los comentarios rabínicos, cuando los israelitas fallaron en seguir estudiando y practicando la *Torah* o enseñanza espiritual, apareció la falta de agua. No pudiendo discernir que existía una conexión entre desempeño y resultado, el pueblo de inmediato proyectó su insuficiencia en su líder, diciendo de manera ignorante que Moisés los había sacado de Egipto para ponerlos en una situación intolerable. El término "ignorar" significa alejarse de lo conocido, una condición bastante diferente de la inocencia, que quiere decir no conocer. Inocencia es el estado de la mayoría de la humanidad. Sin embargo, quienes se hallan espiritualmente despiertos o han tenido la experiencia de lo milagroso, como los israelitas, pueden desconfiar, dudar o ignorar.

Moisés, que había aprendido a contener su enojo, oró por ayuda antes de que el populacho enfurecido comenzara a tirarle piedras. En un individuo, esto correspondería a estar centrado en la posición de *Tiferet* del ser para pedir ayuda de arriba y calmar a los elementos inferiores ingobernables del ego. La respuesta fue que tomara a algunos de los ancianos de Israel, es decir, a los elementos más maduros y estables de la psique, para encontrar la roca que escondía las aguas. Las escrituras establecen que en ese sitio Dios los aguardaba. El lugar fue llamado Horeb, que es el mismo nombre de la montaña donde Moisés encontró la zarza ardiente. Ahí, a Moisés se le instruyó golpear la roca con el báculo de modo que los ancianos pudieran ver que esa vara de la Severidad que había destruido a los egipcios, también era el báculo de la Misericordia por medio de la cual el pueblo sería nutrido. Ciertamente la leyenda popular dice que los ancianos eligieron la roca como prueba en contra de la hechicería, porque algunos israelitas, dudando de lo irracional o sobrenatural, sospecharon que con la destreza de Moisés, aprendida siendo un pastor con Jetro, podrían localizar agua. El cinismo racional está siempre listo para oponerse y poner a prueba los asuntos espirituales. Moisés llamó Masá o "reto" al lugar, y Meribá o "querella" por su confrontación con Dios. Como dice el texto: "Por la querella de los hijos de Israel, y porque habían puesto al Señor a prueba, diciendo: ¿Está, pues, el Señor en medio de nosotros o no?" (*Éxodo 17:7*).

La leyenda judía estipula que a partir de ese momento, los israelitas tuvieron un pozo que nunca dejaba de manar agua. Obtuvieron tal posesión notable debido a la hermana de Moisés, Miriam, representada en la posición de *Yesod* o ego de los hijos de Israel. Ella tenía una habilidad psíquica intuitiva, común en un ego altamente sensible. El pozo funcionaría mientras ella viviera, lo que simboliza el flujo del nutrimento inconsciente, como uno podría esperar de una persona o ego sensible, aunque no necesariamente con sabiduría. El pozo consistía en una roca con agujeros, de los que salía agua cris-

Ilustración 26. Batalla. Los israelitas luchan contra sus primos lejanos, los amalecitas, que simbolizan los aspectos inferiores de la naturaleza humana. Cuando Moisés levantó los brazos, los israelitas se imponían y cuando los bajaba, los amalecitas comenzaban a ganar. Aarón y uno de los jefes israelitas lo ayudaron, lo que representa el lado secular y el espiritual de nuestro ser que apoyan al Ser en esa continua batalla (Biblia Banks, siglo XIX).

talina y que seguía a los israelitas a lo largo del desierto, parando y moviéndose según acampaban y se trasladaban a otro sitio. Después, cuando el tabernáculo fue construido, se situó del lado opuesto a la estructura y los jefes de las doce tribus pidieron que derramara sus aguas; con ello, hubo una abundante vegetación que yacía escondida en la arena del desierto y provocó un estado de fruición que bastó para alimentar a las tribus.

El contenido kabbalístico de esta fábula es la descripción de cómo la habilidad psíquica tiene sus limitaciones porque no comprende por completo lo que está fluyendo en el ego. Por ejemplo, en ocasiones la mente tiene una fantasía, más que una visión. No obstante, aunque el discernimiento del ego no sea óptimo, es la fuente de la cual fluyen las aguas cristalinas de las profundidades del alma y el espíritu. Bajo disciplina, el pozo del ego refresca y nutre a la persona y hace florecer los talentos que han estado escondidos en un terreno sin fructificar y sin agua de la psique. Algunas leyendas dicen que el pozo sólo se secó cuando los israelitas llegaron a Canaán.

Primera batalla

Éxodo 17

Debido a que los israelitas habían puesto una prueba a Dios, la Divinidad mandó a los amalecitas a que los atacaran en Refidim, el lugar de descanso. El padre de esas tribus rapaces era Amalec, cuyo significado es "guerrero", "pueblo de rapiña", "moradores del valle" y "hombres de las cavernas". Tales significados indican la cualidad de la tribu y su correspondencia con las partes más bajas de la psique. El antecedente de Amalec expresa aún más. Hijo de Elifaz, cuyo nombre significa "oro de Dios", nacido de una concubina, que es un enlace inferior, fue el nieto de Esaú y, por tanto, el rival natural de los descendientes de Jacob. Los amalecitas eran hostiles a los israelitas, y según la leyenda esperaron durante varias generaciones para vengarse a nombre de Jacob: Israel asumió su progenitura. He aquí las implicaciones psico-espirituales claramente establecidas en una primera de las muchas batallas entre los elementos inferiores y superiores de un individuo.

Al principio, dice la leyenda bíblica, Amalec no pudo hacer nada en contra de los israelitas debido a una columna de nube y fuego. Más adelante, cuando Moisés pronunció el Nombre divino ante los amalecitas, éstos tuvieron que replegarse. Después ya no intentaron sorprender a los israelitas, ya que éstos habían construido un campamento y los amalecitas se vieron forzados a permanecer al acecho como estrategia para emboscarlos a hurtadillas; con ello vemos la primera etapa del or-

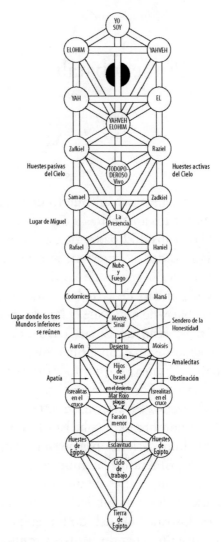

Ilustración 27. Éxodo. La escala de operación es mostrada en la Escalera de Jacob, ya que no es sólo física sino también psicológica y espiritual. El viaje comienza en el Monte Sinaí para tomar una nueva dimensión de la fase de purificación del desierto. Durante ese periodo, la mayoría de los israelitas que habían sido adiestrados en Egipto murieron y dieron paso a una nueva generación disciplinada. En el desarrollo personal, los hábitos antiguos mueren y nacen nuevas actitudes positivas (Halevi, siglo xx).

den psicológico creando el principio de protección. Las otras tribus en el Sinaí y Canaán mostraban un interés natural por la campaña de los amalecitas contra Israel, pero no pudieron unírseles. He aquí una descripción perfecta de una situación interna de una persona en las etapas iniciales en cuanto a disciplina espiritual. Los amalecitas, o los elementos indisciplinados más cercanos a los israelitas, buscan perturbar el orden nuevo, mientras que los hábitos más arraigados, los complejos y los conceptos representados por los hititas, heveos, jebuseos, amorreos y cananeos esperan ver si el reto a su territorio puede ser enfrentado en la última frontera que divide el consciente del inconsciente. En el árbol psicológico, ésa es la línea entre *Hod* y *Nezah*. El sendero vertical entre *Yesod* del ego y el *Tiferet* del ser es llamado, no sin razón, "honestidad" y "a la espera de".

En la historia rabínica, los amalecitas utilizan su parentesco con los israelitas para alejarlos de la protección de su campamento, y les ofrecen comerciar a su favor con sus familiares lejanos. Es así como los elementos inferiores de la psique tientan a las partes superiores, aunque no desarrolladas, a creer que es posible un trueque inofensivo. El resultado no sólo fue la muerte de esos israelitas, sino la mutilación de sus genitales por los amalecitas, quienes hicieron burla del Cielo, desmembrando la alianza de la circuncisión. La relevancia de tal acto es la reducción tanto de la voluntad psicológica como del poder físico cuando la integridad individual es deshonrada por su propia mala conducta, a pesar de la esperanza de que no afectará su progreso general.

En Refidim, después de poner a prueba a Dios, les fue permitido a los amalecitas atacar abiertamente porque la nube divina había sido retirada. Sin embargo, tal castigo gevurático no fue la acción de un Dios vengativo, sino una reprimenda estricta del Maestro prudente. De modo que cuando los amale-

citas atacaron con fiereza y no les permitían el paso, los israelitas tuvieron la oportunidad de aprender a defenderse.

Entonces Moisés dijo a su sirviente Josué, cuyo nombre significa "salvador", que seleccionara algunos hombres fuertes y
disciplinados para luchar contra los amalecitas. Para una nación que había vivido en esclavitud durante varios siglos, esa
acción era un momento crucial en cuanto a su actitud, como
lo sería en una persona que ha permitido ser dominada por
otros o por patrones en sí misma. La leyenda explica que Josué
era descendiente de José, el único de los doce hijos de Israel
que no había pecado. Ello daba a Josué una ventaja distintiva,
aunque igual necesitaba ayuda porque, según sigue el relato,
como los amalecitas poseían conocimiento de la magia, sabían
bien cuándo les era propicio atacar. Sucedía así porque cada
una de las tribus estaba regida por uno de los signos zodiaca-
les y, por tanto, era vulnerable en ciertos momentos. Todavía
las tribus no estaban reunidas formando la casa de Israel que,
como espíritu, se halla arriba del mundo planetario de *Yezirah*.
De manera que los hijos de Israel podían ser atacados en su
punto más débil, como sucede en momentos de crisis cuando
la psique es dividida.

La ayuda vino de arriba por medio de dos israelitas que se
encontraban de pie en lo alto de un monte, cerca de la batalla,
y Moisés, que sostenía la vara de Dios sobre su cabeza (*Éxodo
17:9*). Visto bajo la perspectiva de la Kabbalah, el monte representa un nivel más alto que aquél de la batalla, pero no demasiado arriba de la acción. Los dos ayudantes eran Aarón, de
la tribu de Leví, y Hur, de la tribu de Judá. Hur significa "no-
ble" (también se conoce como esposo de Miriam, hermana de
Moisés). De modo que las dos familias aristocráticas de Israel
representan al espíritu y lo temporal, que estaban a ambos lados de Moisés para ayudarlo, mientras él permanecía sentado
sobre una roca. Era lo necesario, porque aunque Israel iba ga-
nando la batalla, cuando los brazos de Moisés eran levantados,

los combatientes debían retirarse cuando tenía que bajarlos por estar fatigado.

He aquí una imagen gráfica de los tres pilares del Árbol, establecidos conscientemente por la voluntad humana con el fin de atraer a la Gracia de manera que prevalezca la unidad en contraste con la desunión. Lo anterior corresponde a un ritual de la Kabbalah en que el individuo alcanza los mundos superiores y pide al Santo ayuda para las partes de la psique que buscan la unidad, descartando los aspectos obstinados que se oponen al crecimiento interior.

Moisés y sus ayudantes continuaron con el ritual hasta el ocaso, cuando las fuerzas de Josué derrotaron a los amalecitas y situó a su pueblo "a filo de espada". La leyenda explica que todo se hizo de manera limpia y honorable, sin mutilaciones o humillación del enemigo. Los rasgos desfavorables, si deben ser removidos, es mejor hacerlo como una cirugía y no como carnicería, de manera que no quede nada que supure.

Después de dicha acción unida en contra de las fuerzas del mal, Moisés registró que borraría toda memoria de Amalec bajo el Cielo. Es decir, los elementos negativos deben ser continuamente eliminados de la psique. Tal intención es pronunciada después de la batalla. "Moisés edificó un altar, y le dio el nombre de *Yahveh-Nissi*: diciendo: Porque una mano se alzó contra el trono de *Yah*, *Yahveh* estará en guerra contra Amalec de generación en generación".

Enseñanza del maestro

Éxodo 18

Después de que Jetro escuchó lo que Dios había hecho por Moisés y cómo los hijos de Israel habían sido liberados de Egipto, fue a encontrarse con su yerno que acampaba en la montaña de *ELOHIM*. También quería ver a su ex estudiante porque era obvio que había superado al maestro. Sin embargo, era tal el amor y respeto de Moisés por su maestro que, acompañado por Aarón y los setenta ancianos, salió del campamento para encontrar a Jetro, inclinarse ante él y saludarlo con un beso. Lo anterior nos habla de la relación que hay entre un maestro y su ex alumno. Sin importar cuán elevado haya sido el nivel alcanzado por el joven discípulo, Moisés honró a su maestro, y a la Enseñanza detrás del hombre, que hizo posible su desarrollo espiritual.

Ya en privado en la tienda de Moisés, Jetro se enteró con gran detalle de todo lo que le había sucedido a Moisés desde que salió de Madián hacia Egipto. Es una práctica común que el estudiante relate al anciano, de manera objetiva, los sucesos tanto de su vida interna como la externa; a partir de la experiencia de las lecciones, el instructor enseña al mismo tiempo que aprende. Jetro estaba impresionado con el reporte de Moisés y exclamó: "¡Bendito sea *YAHVEH*, que os libró de la mano de los egipcios y de la mano del faraón y salvó al pueblo de la opresión de los egipcios! Ahora reconozco que *YAHVEH* es más grande que todos los dioses..." Este último comentario revela el nivel de Jetro, quien, de acuerdo con la tradición rabínica, no es un idólatra, pues no cree en la jerarquía panteísta y ve a *YAHVEH* como el más grande de los dioses: una visión muy diferente de la perspectiva monoteísta, punto que divide a Moisés de Jetro.

Después de que Moisés, Aarón y los ancianos compartieron una comida con Jetro, éste ofreció el sacrificio que había llevado para celebrar la bendición de Dios por haberse encontrado. Luego Moisés mostró a Jetro cómo trabajaba en el tribunal arreglando disputas entre tribus e individuos; esto les llevó todo el día porque Moisés instruía mientras asesoraba los casos. Jetro, experto en el tema, vio que Moisés no economizaba en energía y le aconsejó cambiar su método de trabajo delegando funciones en personas honestas y temerosas de Dios, quienes podrían solucionar los casos más sencillos. Así, Moisés tendría más tiempo para enseñar y juzgar los temas más complejos.

La relevancia en la lección del encuentro anterior es que la verdad debe anteponerse a todo. Aunque Moisés tenía en ese momento más desarrollo que Jetro, aún recibía el consejo de su maestro con modestia, lo que seguramente impresionó a los israelitas, quienes veían con asombro a Moisés y lo consideraban un profeta aristócrata. El significado interno del pasaje es que el enfoque de la psique despierta, representada por Moisés, tiende a hacerse responsable por todo; lo cual requiere demasiado esfuerzo y significa pérdida de tiempo que podría emplear para llevar a cabo su propia tarea especial. Antes de que el proceso de aprendizaje se vuelva automático, hay que pasar por esa etapa. Aquí Jetro, que representa la experiencia práctica y psicológica, aconseja a la triada del despertar de *Hod*, *Nezah* y *Tiferet* que permita a esas partes confiables de la psique inferior asumir todo el trabajo rutinario. Un ejemplo es cuando la mente permite hacer cálculos por medio de procedimientos aprendidos que funcionan a la perfección sin la atención consciente del ser, que tiene trabajos más importantes que atender.

"Moisés escuchó el consejo de su suegro, e hizo todo lo que le había dicho." De tal modo fueron creados un conjunto de tribunales, o complejos nuevos en la psique, que se encargaron de los asuntos de rutina, para que Moisés sólo se preocupara por asuntos más importantes. Después de esos ajustes, su ex maestro partió a su país o nivel de evolución en Madián.

INICIACIÓN

Ilustración 28. Enseñanza. A Moisés le fue dada la *Torah* en la cima del Monte Sinaí. Simbólicamente, se encontraba en un estado místico elevado de conciencia. Más aún, estuvo cuarenta días y noches ahí, lo que indica que experimentaba un proceso interno totalmente nuevo, es decir que ascendió por la Escalera de Jacob para completar un alto grado de autorrealización en el que contempló la Gloria de Dios y recibió la Enseñanza (Biblia Banks, siglo XIX).

Preparación

Éxodo 19

"Al tercer mes de la salida de Egipto, ese mismo día, los hijos de Israel llegaron al desierto del Sinaí." Lo anterior significa que para los israelitas habían transcurrido tres ciclos lunares, y habían llegado al primer cuarto del año hebreo o solsticio de verano. Si la luna es el símbolo de *Yesod*, el ego, y el sol es el de *Tiferet*, el ser, entonces el momento habla de un suceso crucial relacionado con la importancia del solsticio de verano. En la antigüedad, el solsticio se celebraba mediante un festival que marcaba un momento cósmico, mientras en un punto crucial entre estaciones cambiaba el estado del flujo en el universo. Dicho acontecimiento era considerado una transformación en la Creación y, por tanto, en el espíritu, que corresponde con ese mundo cósmico.

Los israelitas se adentraron en el desierto hasta que establecieron su campamento ante la montaña sagrada. La palabra Sinaí significa tanto acantilado elevado como barranco profundo, simbólicamente visto como una pendiente en ascenso hacia los Cielos o un hondo descenso hacia el espíritu. Moisés ascendió el monte y conversó con Dios acerca de la casa de Israel y los hijos de Israel, una clara distinción entre los dos niveles de hebreos. El primero representa el centro interno de los ancianos, con una iniciación espiritual, y los segundos a quienes eran inmaduros en tales temas. Existe una confirmación cuando el Señor habla de cómo la Divinidad ha conducido a los israelitas sobre las alas de águilas al sitio donde está la Presencia divina en la montaña sagrada. El símbolo del águila no sólo es una imagen poética, sino un monograma preciso del mundo briático o espiritual: el águila es uno de los animales sagrados utilizados más tarde por Ezequiel para representar los cuatro Mundos. De acuerdo con la tradición, el toro simboliza a *Asiyyah* (lo físico o la acción), el león, *Yezirah* (la formación o lo psicológico), el águila, *Briah* (lo espiritual o cósmico) y el hombre a *Azilut* o la Divinidad. A partir de la liberación de la esclavitud se obtiene la posibilidad de un servicio verdadero a Dios: "Ahora bien, si de veras escucháis mi voz y guardáis mi alianza, seréis propiedad mía particular entre todos los pueblos..." (*Éxodo 19:6*).

Visto en un individuo, ése es el tipo de conversación que ocurre muy dentro de la persona durante el periodo de preparación antes de que inicie un compromiso. Esa tranquila, pequeña voz presenta el ofrecimiento al alma que se despierta, en el momento que mira hacia arriba desde la base de la montaña sagrada interna. "Vosotros seréis para mí un reino de sacerdotes y una nación santa." Aunque tiene implicaciones históricas para los judíos, tal aseveración se aplica indistintamente a todo individuo que lucha por organizar sus tribus indisciplinadas dentro de su psique para hacerlas un todo completo o reino divino. Todo eso fue dicho en el monte a Moisés, quien, como representante de la casa de Israel, debía transmitir el mensaje a los hijos de Israel que aguardaban abajo.

"Fue Moisés y convocó a los ancianos del pueblo, y les expuso todo esto, tal como le había ordenado el Señor" (*Éxodo 19:7*). Los ancianos que representan los aspectos superiores de la psique acordaron que harían todo como lo ordenó el Señor. Esta respuesta fue comunicada por medio del nivel intermedio o consciente de Moisés a la Divinidad, que respondió: "Mira, yo vendré a ti en una densa nube, para que el pueblo oiga cuando yo hable contigo..." (*Éxodo 19:9*). Bajo la perspectiva kabbalística, es como decir que la Divinidad descendió de *Azilut*, el mundo de Luz pura, hacia *Briah*, el mundo del Aire, para llegar a *Yezirah*, el mundo del Agua (que se combinan para crear la niebla), de modo que los niveles inferiores de la psique puedan tener la experiencia de la Presencia divina.

Después continúa un pasaje donde se da instrucción precisa a los hijos de Israel para que sean aptos de percibir la Presencia de Dios. Deben lavar sus ropas, es decir, limpiar sus psiques para que ninguna impureza les impida entrar en un estado lúcido y no dormir con sus esposas, de manera que el cuerpo esté inactivo y no distraiga la atención. Éstas son prácticas comunes en todas las tradiciones durante la preparación para ser iniciado. El proceso debe durar tres días, de modo que influya en el pasado, el presente y el futuro. De tal manera, el ser se vuelve completamente receptivo.

A Moisés se le indica que debe instruir a su pueblo para que no suba a la montaña. Esto es para proteger a quien piense estar listo para ir solo a enfrentar a Dios, algo que sucede con frecuencia a personas con poco conocimiento y menos experiencia en asuntos espirituales. Las barreras también sirven para desarrollar la disciplina física y la psicológica, como la abstinencia sexual y la contención psicológica para comenzar a enfocar su poder y enfrentar presiones mayores. Los severos mandatos en cuanto a apedrear o matar a quien traspasara las barreras era más para disuadir y salvar al ignorante y al inocente de sí mismo que como un castigo. De modo que los israelitas estaban alertas conforme atendían al sonido de un cuerno desde la montaña sagrada.

En términos de un individuo, tenemos a una persona que está a punto de tomar parte en una ceremonia de iniciación. Ha aceptado el compromiso y espera el momento en que escuchará formalmente las reglas de la tradición espiritual y prometerá ser su testigo. La alianza no debe tomarse en vano, ya que una declaración tal otorga privilegios que hacen de la persona "un tesoro especial" para Dios, y también significa contraer tareas particulares que deben ser desempeñadas debido a la transacción entre la Divinidad y el ser humano. Dado que el individuo realiza el contrato por voluntad propia, se le da bastante tiempo para reflexionar mientras se prepara para la iniciación del Sinaí, es decir un lugar elevado y profundo entre los mundos inferiores y los superiores. La solemnidad de la ocasión está representada en *Éxodo 19:19* por el cuerno, el trueno y el relámpago. Dichos sonidos y avistamientos en la montaña sagrada generaron asombro ante el Señor, como primer paso hacia la Sabiduría, según explica la tradición.

Revelación

Éxodo 19

"Al tercer día, cuando llegó la mañana, hubo truenos y relámpagos y una espesa nube sobre el monte, y un sonido de cuerno muy fuerte; y se echó a temblar todo el pueblo que estaba en el campamento." Aquí comienza el proceso de iniciación hacia lo que será revelado. Visto en el nivel de un individuo, la nube sobre la montaña representa el velo espiritual que oculta a la psique la Presencia cegadora de Dios, a medida que la Divinidad desciende para acercarse al ser humano.

"Y Moisés mandó al pueblo salir del campamento para ir al encuentro de Dios, y se mantuvieron de pie en la falda de la montaña." Es decir, Moisés, el guía interno, extrajo el marco de referencia de la psique que la protegía de los elementos indisciplinados, llevándola a un estado de conciencia más elevado. En términos kabbalísticos, el centro de la conciencia fue elevado del ego hacia hacer contacto con el punto más bajo del espíritu en *Tiferet*, el lugar donde los tres mundos inferiores se entrelazan en el ser (Ilustración 30).

"Todo el monte Sinaí humeaba, porque había descendido sobre él el Señor en forma de fuego; y el humo subía como la humareda de un horno. Toda la montaña retemblaba fuertemente." Aquí se nos muestra una imagen de todo el organismo físico y psicoespiritual, sacudido por estar en contacto con el fuego de *Azilut*.

"El sonar del cuerno se acrecentaba más y más; Moisés hablaba, y Dios le respondía con voz de trueno." El llamado con un instrumento de viento indica que se trata de algo de naturaleza briática o espiritual. El volumen constante y en aumento dirige la atención hacia un estado en que el ser humano y Dios pueden conversar. En términos de un individuo, el pronunciamiento profundo y largo de un nombre de Dios puede conducir a una persona a un estado en el cual quien pronuncia y la palabra hablada se vuelven uno con el Nombre y quien lo posee. En dicha condición, Moisés habló y recibió una respuesta.

"El Señor bajó sobre el monte Sinaí, sobre la cumbre de la montaña", o sea, la *Shekhinah* o Presencia divina se manifestó en la parte superior de los mundos inferiores. "Y el Señor llamó a Moisés a la cima del monte. Moisés subió..." Lo que nos dice que Moisés subió a la triada del despertar de *Hod, Nezah, Tiferet* y se centró en *Tiferet*, que simultáneamente es la base del árbol espiritual y la *sefirah* más alta del mundo físico.

"Y el Señor dijo a Moisés: Desciende e intima al pueblo que no traspase el límite hacia el Señor para ver, no sea que perezcan muchos de ellos." Ésta es una advertencia que se repite a menudo: no permitir que personas sin entrenamiento fuercen su avance al ámbito de la psique superior y del espíritu inferior porque puede ser una experiencia avasalladora, como suele suceder cuando las personas fuerzan su paso a las partes más profundas de su ser o hacia los mundos superiores, antes de estar preparadas para hacerlo. En hebreo, la palabra "empujar" también significa "caer", es decir, perder la altura ganada. Esa caída sucede a las personas que por no haber estado preparadas, pueden verse devastadas por tales experiencias.

"También deberán purificarse los sacerdotes que se acerquen al Señor, no sea que el Señor irrumpa contra ellos." Ésta es una advertencia para los individuos que, a pesar de estar familiarizados con la experiencia interior, deben fortalecerse. Deben purificar aún más su ser integrado para poder contener a la Divinidad que los llenará. De esa manera están simbolizados los diversos niveles en una persona iniciada que está lista para recibir lo que le será revelado.

Luego, la narrativa señala cómo Moisés dijo al pueblo que no podía subir a la montaña porque habían sido establecidos límites alrededor de ésta para santificarla; es decir, para separarla de lo mundano, significado de la palabra sagrado. La respuesta divina fue que Moisés debía descender y regresar con Aarón, pero sin los sacerdotes. Esto es importante porque muestra que el sacerdocio existente no tenía un nivel suficientemente elevado; lo que implica que, aunque es recomendable estar interesado en asuntos espirituales, sin disciplina y conocimiento verdadero, el ser no tiene la capacidad de enfrentar la experiencia directa. Por tanto, aunque una persona pueda ser culta y haya practicado varios métodos espirituales, tales actividades podrían ser fantasías del ego, que puede quebrarse al entrar en los mundos superiores. La dramática imagen en el Monte Sinaí no sólo es evidencia del poder de la Creación, sino del contacto con la Causa de Causas, que, como lo Oculto de lo Oculto, por lo general está más allá de la manifestación.

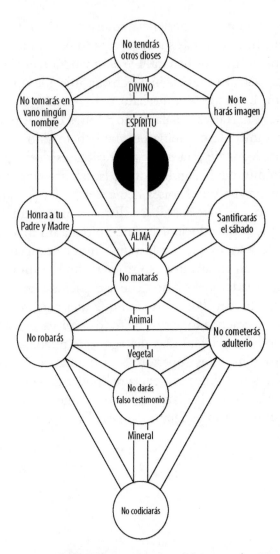

Ilustración 29. Diez Mandamientos. Como podrá notarse, los Mandamientos se relacionan con las *sefirot*. La triada mayor es la relación con la Divinidad mientras que los siete mandamientos inferiores son acerca de la conducta humana. Aquellos en la triada media se refieren a honrar la tradición al dedicar tiempo para considerar asuntos sagrados y no asesinar las creencias propias ni las de alguien más. En el hebreo original no aparece la palabra "matar" sino específicamente "asesinar" (Halevi, siglo XX).

Instrucción sobre lo divino

Éxodo 20

Vayedabar ELOHIM *et kol hadebarim haaleh laymor,* "ELOHIM pronunció todas estas palabras, diciendo: Yo soy YAHVEH, ELO-HIM que te he sacado de la tierra de Egipto, de la casa de esclavitud". He aquí los supremos Nombres de Dios hasta arriba del Árbol, aunque en el texto hebreo la palabra *anokhi* o sólo "yo" es utilizada en lugar del tradicional EHEYEH para balancear los Nombres de YAHVEH y ELOHIM. La leyenda popular judía explica que Jacob dijo a sus hijos que ANOKHI era un término familiar usado por Abraham e Isaac, y ciertamente es un título que denota más intimidad que la palabra EHEYEH o YO SOY. Ese Nombre, que trajo la Existencia hacia la manifestación, fue utilizado por Moisés ante la zarza ardiente, pero no en el Monte Sinaí porque los hijos de Israel no podían resistir la majestuosidad completa de la Divinidad. Los otros dos Nombres divinos están tradicionalmente asociados con el lado activo, sabio y misericordioso, así como con el aspecto pasivo, de entendimiento y de justicia divina se fusionan con el Nombre YAHVEH-ELOHIM (traducido como el Señor, vuestro Dios) que en ese momento procede a entregar los Diez Mandamientos, los cuales siguen la secuencia de las diez *sefirot* del árbol santo. Comenzando con la Corona, el primer mandamiento afirma lo siguiente:

"No tendrás otros dioses delante de Mí." Este mandato señala que sólo el Absoluto debe ser reconocido como Dios. La relevancia de dicho pronunciamiento fue tremenda para el mundo antiguo que tenía múltiples deidades. No sólo fue fundamento para una nación que estaba por ser creada con el único propósito de propagar la idea de un solo Dios, sino para presentar una dimensión totalmente nueva a la masa de la humanidad, que con el tiempo afectaría a gran parte de la raza humana. En el nivel individual, se trata del reconocimiento de que ni siquiera el ser puede anteceder a YO SOY.

"No te harás ninguna imagen esculpida, ni figura de lo que hay arriba en los cielos, o abajo en la tierra, o en las aguas debajo de la tierra. No te postrarás ante ellas, ni las servirás." Este mandamiento es una advertencia de no verse atrapado por la apariencia de los objetos. Quiere decir que la Divinidad no está contenida en una imagen ni ha de ser confundida con la Existencia porque lo Absoluto está arriba, abajo, antes y más allá de la Existencia; aun la imagen de Dios es sólo un reflejo. Dios es Dios y no hay nada que se parezca a Dios.

"...porque yo, YAHVEH ELOHIM, soy un dios celoso, que castigo en los hijos la falta de los padres hasta la tercera y cuarta generación de aquellos que me odian, pero que uso de misericordia hasta la milésima generación de aquellos que me aman y guardan mis mandamientos." Este pasaje habla de la Severidad y la Misericordia otorgada a aquellos que ignoran o que reconocen la soberanía divina. La palabra "generación" no aparece realmente en el texto hebreo, sino que es añadida por los traductores para que tenga sentido una oración que parecería incompleta; lo cual sugiere que se está haciendo referencia a una ley más elevada, ya que castigar a los hijos parecería injusto e inconsistente. El concepto de la reencarnación o guilgulim es la explicación más probable. De acuerdo con esa ley de trasmigración, una persona recibe recompensas o castigos, o karma, durante las siguientes tres vidas, pero la misericordia de Dios se extenderá por miles más. La idea de la trasmigración no es aceptada por todos los judíos, pero ha sido parte de la enseñanza kabbalística durante varios siglos.

"No pronunciarás el nombre de YAHVEH ELOHIM el Señor tu Dios en vano, pues el Señor no dejará impune al que pronuncie en vano su nombre." Éste es el último de los tres mandamientos relacionados con la Divinidad. La instrucción es no usar los Nombres con ningún otro propósito que para dirigirnos a Dios. Hablar de o invocar a la Divinidad sin darse cuenta de quién es el Nombre que está siendo utilizado devalúa la intimidad de la conexión establecida entre Dios y el ser humano. Un caso tal es bastante serio y, por tanto, el Señor mediante su Misericordia nos advierte con su Severidad divina para desalentarnos a no tomar el Nombre santo "lashav" en falso o con vanidad, como es traducido por los rabinos. Cuando los tres mandamientos concernientes a la Divinidad son puestos juntos, constituyen la relación correcta entre el ser humano y Dios.

De acuerdo con la tradición rabínica, cuando Dios habló de la Divinidad, cesó todo temblor de las siete Tierras de abajo y de los siete Cielos de arriba y todas las huestes angélicas se quedaron inmóviles, mientras que toda la Naturaleza permaneció en silencio y en quietud. Debido a ello, aun los muertos y los nonatos, según se cuenta, se percataron de que ocurría un gran suceso, así como todas las naciones del mundo que escucharon el eco distante del decálogo divino en el idioma de su propia lengua. En ese momento atemporal, la *Torah* fue entregada al alma y al espíritu emergente de la humanidad. Por tanto, todos los niveles en un ser humano en ese estado de revelación permanecen en silencio y escuchan, cada uno a su manera, las instrucciones impartidas, primero las concernientes a la relación entre el ser humano y Dios, y luego las que hablan de la relación entre los seres humanos.

Instrucción sobre el ser humano

Éxodo 20

La segunda fase de los mandamientos se relaciona con las siete *sefirot* inferiores en el Árbol, lo que puede ayudar a definir la conducta interna y externa de una comunidad y un individuo. El cuarto mandamiento: "Acuérdate del día del sábado para santificarlo", se sitúa en el lugar de la *sefirah* de *Hesed* o atributo de la Misericordia. De manera que después de una semana de labores, lo creado por el Creador es reconocido y apartado como un día para contemplar el propósito del ser humano, las maravillas de la Creación y para adorar a Dios. Dicho acto de santificación permite al aspecto expansivo de *Hesed* llenar el *sabbath* con bondad para que un espíritu de sinceridad y tranquilidad impregnen el día. En una atmósfera tal, tanto la comunidad como el individuo celebran e imitan a la piedad divina que dicen fluye desde todos los Mundos hacia el sábado para llevar paz, aun a los habitantes del infierno.

"Honra a tu padre y a madre" no es sólo un signo externo de respeto que crea estabilidad familiar, base de una comunidad con orden social; también es un reconocimiento de las *sefirot* de *Hokhmah* y *Binah*, Sabiduría y Entendimiento, conocidas en la Kabbalah como el gran padre y la gran madre. Ese mandamiento, asociado con la *sefirah* de Gevurah, afirma que el Juicio debe ser, con su poder judicial, el defensor de la tradición y la revelación, padre y madre del Espíritu. En un individuo, ese mandamiento guía la tendencia de la *sefirah* hacia la severidad con el fin de que respete a su padre interno y a su madre interna, es decir la razón y la inspiración. En la correcta relación con la Sabiduría y el Entendimiento, o la parte intelectual, reside el equilibrio psicológico, igual que en dicho mandamiento, basado en el temor a Dios, y complementado por el mandamiento hesédico, basado en el amor a Dios.

El mandato "No matarás" proviene de la palabra cuya raíz es *ratzach*, diferente del término asesinar, como se encuentra en algunas versiones de la Biblia. Matar puede ser un acto accidental o incluso necesario en una circunstancia que exige erradicar un mal mayor; asesinar es matar con un propósito maligno. Además de las razones sociales, el significado esotérico queda explícito cuando el mandamiento es situado en el *Tiferet* del Árbol. La Enseñanza estipula que uno no debe destruir el propio ser ni el de alguien más, porque se considera un crimen mayor, ya que la muerte del ser afecta a todas las demás *sefirot* y rompe la conexión entre el cuerpo, la psique y el espíritu. En la tradición rabínica, explican que el primer mandamiento, como la Corona, corresponde con el sexto en *Tiferet*. Esto se deduce con la declaración: "Yo soy el Señor, tu Dios", asociado con la Corona en cada Árbol. Por tanto, matar o provocar la muerte física prematura, destruye la esperanza de la psique, así como la posibilidad del crecimiento del espíritu. Un crimen tal acarrea un gran castigo. Como lo dijo un kabbalista: "Sería mejor que esa persona nunca hubiera nacido".

Los dos mandamientos acerca del adulterio y el robo se relacionan con *Nezah* y *Hod,* respectivamente. En el árbol de los mandamientos se sitúan en esas dos *sefirot* y actúan como puente entre la psique y el cuerpo. Por tanto, el mandamiento sobre el adulterio es evitar el uso o la mezcla inadecuada de los distintos niveles, así como la irresponsabilidad sexual. El mal uso de los poderes adquiridos para provocar un efecto o resultado deseado es un ejemplo. La charlatanería de la magia es una forma de seducción esotérica o adulterio psicológico. El mandamiento acerca de robar se refiere al despojo de ideas o emociones, tanto como a los bienes materiales. El adulterio espiritual y el robo son vistos en quienes mezclan y adulteran la teoría y la práctica de diferentes disciplinas y, además, las practican con el único propósito de satisfacer su ego. Esto no sólo hace impuras las enseñanzas originales, sino que las debilita y las distorsiona. Numerosas personas han destruido su propia posibilidad de lograr un crecimiento espiritual, así como el de otras, al violar esos dos mandamientos en los mundos superiores. Con frecuencia, dichas infracciones a la ley tienen mayores consecuencias que su contraparte física, lo que conduce directamente al noveno mandamiento.

"No darás contra tu prójimo falso testimonio" significa rechazar la mentira, no sólo acerca del vecino, sino también de uno mismo. Dicho fenómeno es visto en la relación del ego en *Yesod* con el ser más arriba, en *Tiferet*. Por tanto, el ego quizá inflado por una imagen de espiritualidad, aparece ante el mundo y ante Dios como un falso testigo de la Verdad. Este mandamiento es tan importante como el mandato de no asesinar, y es situado en la columna central, que siempre se relaciona con la voluntad. De modo que cualquier intento por influir sobre ese eje de conciencia, afectará directamente la conexión con la Divinidad.

Por tal razón, en términos esotéricos, el mandamiento en *Malkhut* está relacionado con el grave pecado de negar la Presencia divina. "No codiciarás" no sólo se aplica a la propiedad ajena, sino a ambicionar lo que pertenece a Dios. La *sefirah* más baja es el Reino y, como tal, contiene toda la Gracia que desciende desde lo alto. Por tanto, el universo y todo en él pertenece al Señor. Un ser humano puede pedir prestado a la Providencia lo que desea mientras está vivo, pero sin considerar una posesión lo que se le otorgue, porque todos son regalos. El individuo que se cree poseedor de sus propiedades, incluso de su cuerpo, está en un grave error; codiciar la fortuna de otro no sólo significa ser engañado, sino negar la fuente verdadera de donde él proviene o de lo que posee. En el trabajo kabbalístico se considera una de las faltas más peligrosas porque genera el orgullo espiritual, causante de la caída de Lucifer. Situar los mandamientos en el Árbol ilustra la interconexión que tienen. En los comentarios rabínicos sobre el decálogo se reúnen los mandamientos en una unidad de manera que la violación de uno afecta a todos los demás. Para el kabbalista, esto es percibido tanto en situaciones sociales como religiosas, porque las manifestaciones psicológicas internas y las espirituales son sucesos que repercuten en cualquiera de los niveles o mundos.

El acomodo del decálogo en el Árbol no sólo revela los principios que subyacen en los mandamientos, sino que ayuda a comprender la acción de las *sefirot*. Para los israelitas, esos diez mandamientos fueron el comienzo de una verdadera disciplina, así como el impacto característico en quienes, aunque deseaban ser espirituales, exclamaron: "Moisés, háblanos tú y te escucharemos; pero que no nos hable Dios, no sea que muramos". En ese instante, al expresar su temor a la muerte, los miembros de la tribu de la psique sin preparación buscan evitar el contacto directo con la realidad y en su lugar ser la sombra del maestro. En un individuo significa el retroceso en el ego, que de pronto se ha sentido amenazado ante la extinción de todos sus hábitos y viejas actitudes.

Reglas

Éxodo 20-3

"Y Moisés dijo al pueblo: No temáis, que ha venido Dios para probaros, y para que tengáis ante vuestros ojos su temor y no pequéis más. Entonces el pueblo se mantuvo a distancia y Moisés avanzó hacia la densa nube donde estaba Dios." De acuerdo con la leyenda, la experiencia de estar en la Presencia de la Divinidad en el Monte Sinaí fue tan impresionante para los israelitas, que retrocedieron alejándose de las alturas. Sin embargo, dicha experiencia les dejó una memoria inolvidable; se dice que incluso los más ignorantes del grupo pudieron tener una visión que en el futuro muchos santos nunca alcanzarían en su vida. En el nivel personal, vemos las partes más bajas de la psique retirándose de una experiencia mística profunda hacia un estado de conciencia menor, mientras que Moisés permanece en contacto con la Divinidad en el lugar del ser, donde se entrelazan los tres mundos inferiores.

La leyenda popular dice que a los israelitas se les dijo que podían regresar a sus tiendas y que retomaran sus relaciones conyugales, en tanto que a Moisés se le dijo: "Tú permanecerás conmigo". La tradición oral agrega que la concesión de dicha intimidad dio a Moisés una claridad que ningún otro profeta poseería. Esto se debió a que permaneció completamente despierto durante las revelaciones. Ésa es la diferencia entre la intuición inconsciente en la que se perciben destellos de discernimiento y los momentos de conciencia lúcida total relacionada con el escenario espiritual completo. En la Kabbalah se definen como estados proféticos menores y mayores. Un ejemplo del primero es cuando Saúl tuvo visiones extáticas, aunque permaneció inconsciente durante dichas manifestaciones (*I Samuel 10:10*).

Conforme el pueblo se retiraba para continuar con su vida normal, Moisés sostenía la conexión directa entre el mundo de la Divinidad y el humano. Con ello comenzó la segunda fase de la iniciación en el Monte Sinaí, lo cual está detallado en las reglas que surgieron de las diez grandes leyes del decálogo. Dicho conjunto de reglas llegó a ser conocido como el libro de la alianza.

Dicho libro tiene como prefacio la leyenda bíblica en la que Moisés dice que a partir de ese momento los israelitas ya no eran ignorantes; lo que quiere decir que no habría acción que pudiera llevarse a cabo sin tomar en cuenta el resultado. El significado de esta declaración tendría un efecto profundo en la historia de la fortuna cambiante de Israel. Sus periodos de aceptación y de rechazo de la ley divina han mostrado al resto de la humanidad que aunque el conocimiento espiritual es un privilegio, también conlleva responsabilidad. Tal obligación refleja el precepto de que Israel había sido elegido para estar en los ojos del mundo.

Para que no hubiera malentendidos acerca de los Diez Mandamientos al aplicarlos en la vida cotidiana, el libro de la alianza estableció una serie de ejemplos de buena conducta. Para la persona sin experiencia, el texto de *Éxodo 21* a *Éxodo 22:19* parece ser sólo un ejercicio en legislación. Pero no es así. Lo que se está mostrando es la aplicación de los principios divinos de Justicia y Misericordia, basados en el conocimiento de las leyes que rigen la Creación; un ejemplo es: "Si alguien da de palos a su esclavo o a su esclava de modo que muera a sus manos, tendrá seguramente que someterse a la venganza" (o vengado). No se trata de una ley severa, por lo que supuestamente tiene fama el Antiguo Testamento, sino más bien de un reconocimiento de la ley de causa y efecto. La palabra crucial es "seguramente", lo que no quiere decir que un individuo deba ser castigado, sino que por medio de la ley del equilibrio cósmico es inevitable que la *sefirah* de Justicia corrija a la injusticia, de manera que dicho equilibrio regrese a la Existencia.

La regla dice: "No oprimirás al extranjero; también vosotros habéis conocido lo que es ser extranjero, pues extranjeros fuisteis en tierra de Egipto"; es decir, es un deber ayudar a quienes buscan la verdad, a los inocentes y a aquellos confundidos por el mundo. Uno no se aprovecha de ellos. Asimismo, el reglamento acerca de prestar dinero a los pobres tiene que ver con asuntos internos. No debe usarse para controlarlos o para obtener alguna ganancia. Ese tipo de riqueza es dada para apoyar al débil y no se debe caer en la corrupción, como sucede a menudo cuando interviene el clérigo.

La última parte del libro de la alianza es más directa, pero de igual profundidad. Por ejemplo: "No te dejarás arrastrar por la mayoría para hacer el mal", significa no situarse bajo las leyes que rigen a las masas, que siempre están sujetas al sube y baja de la moda, de la diversión sin sentido, los juegos de la economía, la política y la guerra. En ese contexto, el mal es una actividad desendiosada. Más tarde, un gran maestro de la misma tradición diría lo mismo con otras palabras: "Estar en el mundo, pero no pertenecer al mundo". Igualmente, otro versículo expresa una advertencia contra la justicia cuando se corrompe a favor de una persona que es pobre pero no tiene la razón. La verdad debe anteponerse. Ésta es una advertencia acerca de la debilidad que resulta por un exceso de *Hesed* o Misericordia. En otro versículo se nos aconseja que no seamos sólo nosotros los que descansemos el día sábado, sino también nuestros sirvientes y animales porque todo lo creado debe tener un periodo de recreación. Ésta es una consideración profunda de los principios cósmicos aplicados a la vida. En los versículos al final del libro se detallan las instrucciones sobre los peregrinajes religiosos. Hay tres periodos apartados cada año para realizar viajes del espíritu. Con el fin de integrar de manera externa un aspecto cósmico a dichos periodos de reflexión espiritual, esas celebraciones son relacionadas con las estaciones. En el nivel individual, es la práctica diaria del ritual, la oración y la contemplación al amanecer, al medio día y por la noche. Dichos momentos de meditación hacen que el individuo y el Universo entablen una relación y nos recuerden la Fuente de la Existencia.

El libro de la alianza termina con la afirmación del Señor: "Enviaré un ángel ante ti, para que te guarde en el camino, y te conduzca al lugar que te he preparado". Para el kabbalista se trata de la conexión interna con la Tradición.

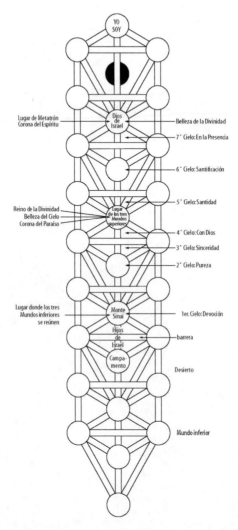

Ilustración 30. Escalera del Monte Sinaí. Con su campamento en el Fundamento del ego, los israelitas ascendieron hasta el pie de la montaña sagrada.
En el sitio donde se entrelazan los tres mundos inferiores esperaron debajo de
las barreras mientras que los ancianos de la psique junto con Moisés escala-
ron la cima. En el nivel del cuarto cielo esperaron los ancianos, en la Corona de la Formación, donde atisbaron el mundo de la Emanación a través de
la Belleza de la Creación, donde Moisés entró en una conversación íntima
con la Divinidad (Halevi, siglo XX).

Visión

Éxodo 24

De acuerdo con la tradición rabínica, el arcángel enviado por Dios para guiar a los israelitas no es otro que Metatrón, el transfigurado Enoc. La razón de lo anterior es la frase: "Mi nombre está en él", asociada con Enoc, que según la tradición kabbalística es el maestro esotérico de la raza humana. Como tal tiene interés directo en cualquiera que desee elevarse fuera del dominio de los mundos inferiores para alcanzar al Espíritu, donde se halla Metatrón, en la Corona del árbol de la Creación, como ángel del Señor. Como Enoc, o "iniciado", conoce todas las batallas por las que un ser humano debe pasar y, por tanto, está calificado para guiar a los israelitas hacia los mundos superiores invisibles por medio de Moisés, el mentor.

La tradición reconoce el contacto con un ser espiritual que proporciona enseñanza, y varios kabbalistas, a lo largo de los años, dicen haber sido instruidos por tales *maggidim*, como son llamados. Hay quienes dicen haber tenido a Elías como maestro y es posible porque el profeta, cuyo nombre significa "Dios es *YAHVEH*", es considerado una manifestación de Metatrón. Para quien ha alcanzado el nivel del espíritu no resulta difícil sentir la presencia de un guía invisible. Muchos han vivido la intervención de una inteligencia tal en su vida, aunque no haya prueba directa de ello, excepto por medio de la experiencia personal. En la Kabbalah, un ejemplo es el rabino Joseph Karo, un abogado que vivió en Palestina en el siglo XVI, quien registró en su diario lo que un mentor angélico le refirió.

El contacto directo con los niveles angélicos revela una transformación importante, donde el intercambio entre el Cielo y la Tierra puede ocurrir con libertad. Para Israel, tanto como para el individuo, el significado es enorme. Visto bajo la perspectiva del kabbalista, quiere decir que las regiones celestiales de la existencia pueden manifestarse abajo en una conciencia capaz de recibir un poder y una visión de lo que normalmente no puede llegar a la experiencia mundana, y que la capacita para ascender de la condición terrenal y tener un atisbo de las maravillas en los mundos superiores. Es en ese punto de *Éxodo 24* que se extiende la invitación no sólo a Moisés, sino también a Aarón, sus dos hijos y los setenta ancianos para que suban a las partes más altas de la montaña sagrada.

En el altar de los doce pilares, construido por Moisés abajo de la montaña, el libro de la alianza fue leído en voz alta. Después de que el pueblo accedió a hacer todo lo que se le pedía, Moisés roció la sangre del sacrificio sobre éste, diciendo: "Ésta es la sangre de la alianza que el Señor ha concluido con vosotros, conforme a todas estas palabras". Con esa operación física y simbólica, la alianza fue hecha y sellada, ya que los rituales son llevados a cabo para influir en el cuerpo, la psique y el espíritu de quien la realiza. De esa forma, todos los niveles y los mundos son involucrados y el consentimiento es total. Habiendo concluido la ceremonia, el estado elevado de conciencia permitió a los invitados de la Divinidad ascender hacia los mundos. Dicho viaje milagroso es descrito con gran brevedad en el versículo de *Éxodo 24:9*: "Luego subió Moisés con Aarón, Nadab y Abihú y los setenta ancianos de Israel, y vieron al Dios de Israel. Bajo sus pies había un pavimento de baldosas de zafiro, parecido al cielo por su pureza. No extendió Dios su mano contra los representantes de los hijos de Israel; ellos pudieron ver a ELOHIM. Después comieron y bebieron".

En términos kabbalísticos, la compañía de almas alcanzaron la Corona de la Formación, simultáneamente el *Tiferet* central del mundo de la Creación y *sefirah* en el fondo del de la Emanación.

Desde ese sitio, donde se entrelazan los tres mundos superiores, vieron la Luz divina de *Azilut* resplandeciendo a través de la sustancia lúcida del Cielo, por encima de la cual estaba el Dios de Israel, y sus pies tocaban su Creación. Mientras se hallaban en tal estado de gracia, en la presencia de ese poder espiritual y resplandor divino, ningún daño que pudiera haber ocurrido les sucedió. En lugar de ello, fueron alimentados por seres angélicos como emanación de *ELOHIM*.

En una experiencia personal, durante una ceremonia de iniciación, es común tener una visión, aunque sólo se trate de brevísimos destellos que revelan la presencia de Mundos dentro y fuera de la persona. Tal brevedad, como en las escrituras, es para estar protegido contra cualquier peligro enfrentado por una psique y un cuerpo sin preparación. En algunos casos, la persona tiene el deseo de morir porque su alma y su espíritu no anhelan otra cosa que la unión con Dios. Aunque algunas tradiciones señalan dicho estado como el ideal, la Kabbalah no entrena a sus practicantes para alejarse de la tierra antes de su debido tiempo. Lleva al individuo a un estado parecido sólo para que pueda convertirse en canal con el fin de que los mundos superiores fluyan hacia abajo en lo que es llamado un acto de unificación. De esa manera, los niveles más bajos de la Existencia pueden ser impregnados con una conciencia de alma, espíritu y divinidad.

En este punto resulta interesante notar que los hijos de Aarón están incluidos en el ascenso, porque después morirían por utilizar fuego "extraño" o profano en una ofrenda sacerdotal (*Levítico 10:2*). Aunque pueda sentirse privilegiado, tal acción advierte al sujeto espiritualmente ambicioso que puede cometer errores; es posible que el precio sea demasiado alto y se precipite en una caída desde el lugar más elevado al que puede llegar un mortal.

Ascenso

Éxodo 24

Vaal Mosheh el haHar, "Subió al monte Moisés, y la nube cubrió el monte. La Gloria de YAHVEH se posó sobre el Monte Sinaí, y la nube lo cubrió durante seis días. Al séptimo llamó a Moisés de en medio de la nube". En esta serie de oraciones majestuosas Moisés comienza a ascender más allá del nivel de los ancianos y entra al siguiente mundo. Desde el punto de vista kabbalístico, se eleva de la Corona del mundo de la Formación para entrar al lugar de la Belleza, que yace en el centro del mundo del Espíritu. Ese *Tiferet* de la Creación es el eje del lugar donde los tres mundos superiores se entrelazan y, según la tradición, también donde el gran arcángel Miguel, cuyo nombre significa "quién como Dios", reside como sacerdote de lo alto en la Jerusalén celestial. En tal nivel espiritual "se está con Dios", aunque el tránsito a través de la tercera etapa de ese nivel azilútico hacia el *Malkhut* o Reino del mundo Divino, aún está por llegar.

El momento en que Moisés se aleja de los ancianos para ascender hacia la parte más alta de la montaña es relatado en detalle en la literatura apócrifa. Es similar a su experiencia con la zarza ardiente; la diferencia es que ya no se trata de un Moisés inmaduro, aunque no tiene confianza absoluta en sí mismo, conforme atraviesa los diversos umbrales de los Cielos. Esto nos dice que, a pesar de que podamos estar seguros acerca de los niveles inferiores, incluso dominarlos, siempre hay niveles más elevados que pondrán a prueba el equilibrio, la pureza y el conocimiento de quienes penetran en esos mundos más elevados. Por tal razón, ciertas prácticas kabbalísticas eran reservadas sólo para quienes gozaban de buena salud, una psique estable y una conexión bien establecida con el espíritu. Cuentan que en ese ascenso la nube que cubría la cima del Monte Sinaí se abrió para que Moisés entrara. Desde el punto de vista kabbalístico, la nube más alta representa el nivel acuoso y el de aire de la Formación y de la Creación, que contienen la presencia del Espíritu Santo. A medida que Moisés se alejaba de los ancianos de abajo, es decir del mundo psicológico de *Yezirah* y hacia el ámbito espiritual de *Briah*, fue recibido por el guardia angélico Kemuel, quien, junto con los doce mil ángeles de la destrucción, resguardaba las puertas del firmamento. Ese formidable ser preguntó a Moisés por qué estaba ahí, ya que no era lugar para un ser humano. Moisés contestó que había sido llamado por el Santo para recibir la *Torah* y llevarla a Israel. Igual que todos los seres angélicos, Kemuel sólo podía desempeñar una orden a la vez, pero aun así le impidió el paso. Es así como a Moisés le fue dado el poder de retirar por completo a Kemuel de ese mundo y continuar su ascenso a través de siete etapas. Hay una pista de lo anterior en *Éxodo 24:16* con las palabras: "…y la nube lo cubrió durante seis días; y al séptimo día llamó a Moisés de en medio de la nube". Durante esos días, Moisés tiene una serie de encuentros similares con otros seres angélicos, cada uno cuestiona con ferocidad su derecho de estar ahí y de ascender aún más. Por fortuna, el Uno que todo lo sabe está vigilando el ascenso y el paso es despejado para Moisés. Es interesante notar que, una vez que los ángeles aceptan a Moisés, se vuelven sus protectores. El ángel Hadarniel, por ejemplo, se adelanta a Moisés en la siguiente etapa de Sandalfón, que entreteje en guirnaldas las oraciones que se elevan desde abajo para coronar al Señor. Ese oficio es tan importante, que las huestes celestiales tiemblan al paso de la plegaria entretejida conforme se eleva desde los mundos inferiores. Para ilustrar con más detalle las demás experiencias mundanas por las que debe pasar Moisés en su ascenso, está el cruce de Rigyon, el río en llamas, donde los ángeles se purifican. Ese arroyo candente rodea el trono del Cielo como foso celestial y forma parte de la topografía espiritual descrita en la literatura kabbalística temprana.

A medida que Moisés se acercaba al trono, era recibido por el arcángel Raziel, revelador de los secretos de Dios, que mantuvo a Moisés a salvo cuando pasó por las filas angélicas del trono y hacia la Presencia divina. Las escrituras describen la experiencia de ver la Gloria del Señor como un fuego devorador en la cima de la montaña. La tradición oral, en contraste con ese aspecto severo de la Divinidad, dice que Moisés contempló a Dios sentado en su trono adornando la Enseñanza con coronas, indicando cuán elaborada llegaría a ser la *Torah* en tiempos posteriores. Aquí permaneció Moisés durante cuarenta días mientras el Santo personalmente lo instruyó acerca de la naturaleza de la Divinidad, la composición del Universo y el propósito de la humanidad. A Moisés también se le indicó lo que podía ser escrito y lo que sólo debía transmitirse de boca en boca. De aquí surgió la ley escrita que sería estudiada durante el día y donde pudiera ser vista, y la ley oral que debía ser estudiada de noche en aislamiento discreto. Además, le fue mostrado todo acerca de los siete Cielos y se le permitió ver el templo celestial.

El folclor judío reporta que Moisés con frecuencia olvidaba sus lecciones, experiencia común para cualquier persona que vive una experiencia mística. Sin embargo, se le volvió a asegurar que la Enseñanza estaba bien arraigada en los niveles espirituales de su naturaleza. Al finalizar su curso de entrenamiento celestial, se le dieron dos tablas hechas de una extraña piedra parecida al zafiro que podía enrollarse como pergamino. En ellas estaban grabados los Diez Mandamientos, de tal manera que podían percibirse por ambos lados. Además, entre las líneas estaban escritos los detalles de los preceptos. Ese instrumento, escrito por el dedo Divino, formaría la base de la Biblia como la conocemos.

Además de las leyes para ordenar y gobernar la comunidad de tribus aún no organizadas, Moisés recibió instrucciones detalladas para construir un tabernáculo móvil. Éstas no sólo incluían los planes para la estructura, sino también los diseños para los utensilios y las vestiduras sacerdotales. Fueron definidas antes de ser transmitidas a Moisés porque la Divinidad deseaba que cada detalle reflejara un aspecto de la *Torah* o Enseñanza sobre el ser humano, el Universo y Dios.

Todo lo anterior, visto en el nivel de un individuo, es la experiencia más profunda de un estado de plenitud. En un momento así, lo que fue, lo que es y lo que será, es revelado mediante una intensa iluminación en que todos los sucesos de la vida que aparentemente no están conectados se fusionan para que reconozcamos que hemos sido entrenados para cumplir cierto destino. Por lo general, esto precipita una reorientación interna total, puesto que nos son mostrados aspectos del mundo superior del cual sólo habíamos escuchado hablar. Igual que sucedió a Moisés, casi siempre el resultado es recibir instrucción directa para saber cómo hacer descender lo que nos ha sido mostrado en una visión y, por tanto, cómo construir un tabernáculo en la Tierra que actúe como reflejo vivo de la Creación y la Divinidad.

Conocimiento de la existencia

Preparación

Éxodo 25

En el libro de *Éxodo 25* el pasaje abre con las palabras: "Habló el Señor a Moisés, diciéndole: Di a los hijos de Israel que me traigan ofrendas; vosotros las recibiréis para mí, de todo aquel que las ofrezca de buen corazón". Esa declaración de la Divinidad antes de la descripción del patrón para la construcción del tabernáculo es crucial porque dice lo que un ser humano debe ofrecer de corazón al Señor. En la Kabbalah es la triada del alma, compuesta por las *sefirot* de las emociones de Justicia y Misericordia, o disciplina y amor, y el *Tiferet*, la *sefirah* de la Belleza y la Verdad.

En la tradición rabínica, Dios dice: "No piensen que sus regalos son en pago de lo que he hecho por ustedes en Egipto, cuando les di vestimentas y calzado por medio de los egipcios, como regalos que apilaron para ustedes. ¡No! Deberán otorgar sus contribuciones en el santuario porque así lo desean". Tal aseveración establece un entendimiento correcto, además de un uso adecuado de la riqueza, de manera que un individuo pueda definir el modo en que debe aplicar sus destrezas físicas y dones psicológicos para ayudar al crecimiento y construcción de un santuario espiritual interno.

El texto prosigue dando una lista de materiales, como oro, plata, cobre, tintes en azul, púrpura y rojo, lino fino, pelo de cabra, pieles de carnero teñidas de rojo, pieles finas y maderas de acacia, además de aceite, especias, ónice y otras piedras que serían utilizadas en las vestimentas sacerdotales. El hecho de

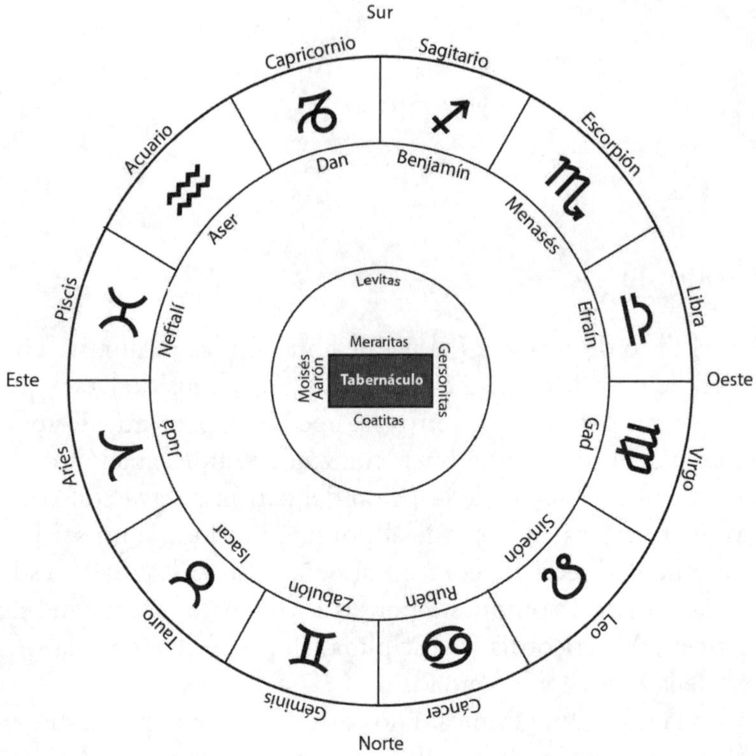

Ilustración 31. Tribus. De acuerdo con la tradición, las doce tribus fueron puestas en círculo alrededor del Tabernáculo en el orden del zodíaco. La idea data de Abraham que llegó de Ur de los caldeos, llamada la ciudad de los astrólogos. Cada tribu se relaciona con un signo particular, según su naturaleza. Por ejemplo, la tribu guerrera de Judá se colocó bajo Aires, mientras que la de Dan, que significa Juicio, fue vista como perteneciente a Capricornio. Se creía que los levitas, clan de sacerdotes, estaban por encima de la influencia de las estrellas (Halevi, siglo xx).

que los israelitas estuvieran en el desierto indicaba que debían extraerlo todo a partir de sus propios recursos. Lo mismo sucede en el ámbito de lo psicológico. En el trabajo del alma, una persona no puede depender de otra, ni puede pedir prestado o incluso robar algo que la haga sobresalir.

Los materiales enumerados tienen relevancia esotérica. Por ejemplo, el oro, que debe ser trabajado con fineza, representa la Emanación baja, mientras que el oro común simboliza el mundo de la Creación. La plata es el símbolo del mundo de la Formación y el cobre el de la Acción. Asimismo, los distintos colores simbolizan los tres niveles inferiores de la Existencia. El azul es el Cielo; el púrpura (mezcla del rojo y el azul) es el mundo del Alma y el escarlata, color de la sangre y la tierra, es el mundo de la Acción. El lino blanco es el material básico y el color del mundo divino de la Emanación.

El sitio para el tabernáculo debe estar en el centro del campamento de los israelitas, y éste debe ser arreglado de acuerdo con las cuatro divisiones de las doce tribus o tipos de humanidad. Dichas divisiones secundarias estaban expresadas por los cuatro temperamentos elementales asociados con los cuatro mundos. Ahí, la Acción está representada por la tierra, la Formación por el agua, la Creación por el aire y la Emanación por el fuego. Por tanto, la concepción del círculo alrededor del núcleo del tabernáculo es de origen cósmico. Como se dijo, en ese punto a cada tribu se le atribuía un signo del zodiaco (ilustración 31). De acuerdo con la tradición rabínica, el criterio para el arreglo de las tribus según la secuencia en el zodiaco fue de la manera siguiente: al Este con Judá, Isacar y Zabulón; al Sur con Rubén, Simeón y Gad; al Oeste con Efraín, Manasés y Benjamín; por último al Norte con Dan, Aser y Neftalí.

En el centro de las tribus, entre éstas y el tabernáculo mismo, estaría la tribu de Leví, que a su vez se dividiría en cuatro clanes: los meraritas al Sur; los gersonitas al Oeste; los coatitas al Norte y Moisés junto con Aarón y sus hijos al Este. Tal honor designado a la tribu de Leví se debió a que fue la única en llevar a cabo los preceptos de los patriarcas a lo largo de la esclavitud en Egipto, manteniendo viva la memoria de los mundos superiores, mientras que los otros israelitas copiaban las costumbres de los egipcios. Dicha lealtad al Dios de sus antepasados les ganó el privilegio y el deber de preservar y servir en el santuario. Moisés pertenecía a ese clan, y al convertirse en su líder, inevitablemente también gobernó a otras tribus como sumo sacerdote y rey de Israel, aunque sólo de nombre. Con su entrenamiento temprano en la corte egipcia y con Jetro, había sido designado por la Providencia.

Visto en el nivel individual, el arreglo o disposición del campamento representa la idea del orden de los elementos psicológicos externos de acuerdo con el temperamento zodiacal de cada tribu. Los aspectos más refinados y profundos de la psique, formados por una larga y diligente devoción (los levitas), forman un lugar interno para el trabajo y la veneración. Esa capa interna está compuesta por las partes en uno que se han combinado para dar a la psique el principio de alguna unidad y estabilidad. Dichos levitas internos tienen disciplina espiritual, mientras que el círculo externo de los israelitas son fácilmente distraídos por asuntos externos o conflictos entre las tribus de la psique. La división de los levitas en cuatro clanes revela los cuatro enfoques tradicionales: ritual, devoción, contemplación y misticismo. He aquí las cuatro modalidades de acción, emoción e intelecto, con el clan de Aarón como la dimensión mística.

De acuerdo con el *Talmud,* el espacio en el centro del círculo de los israelitas sería el sitio para el tabernáculo. Esto no era sólo para que fuera el enfoque de la Divinidad sobre la tierra, sino el centro de la Santidad para todas las naciones del mundo. Después siguen las especificaciones para el *Miskan* o lugar donde moraría la santa presencia de la *Shekhinah.*

Divinidad

Éxodo 25

El versículo de *Éxodo 25:9* manifiesta las palabras de Dios: "...conforme a todo lo que voy a mostrarte" (mundo Creativo de las ideas), "el modelo del tabernáculo" (mundo Formativo o de las formas), "y de todos los utensilios, así lo haréis" (mundo de la Acción). Los siguientes seis capítulos de *Éxodo* exponen con exactitud cómo debe llevarse a cabo la operación. El paralelo humano es un escultor cuya voluntad es plasmar una idea creativa en un diseño que luego puede ejecutar en una obra sólida. He aquí la Voluntad, la Creación, la Formación y la Acción. De tal modo, el ser humano, imagen del Creador, imita a Dios.

En las instrucciones divinas dadas a Moisés, todo había sido resuelto hasta el mínimo detalle. Cada elemento no sólo estaba relacionado con el próximo, sino con una unidad mayor que a su vez embonaba en un esquema integrado que en su complejidad expresaba la unidad de la Existencia. Para concebir, diseñar y construir un edificio tal, se requerían especificaciones exactas y éstas fueron dadas de acuerdo con los procesos de la manifestación. Por tanto, la creación del tabernáculo no comienza con el plan exterior general, sino a partir del elemento más pequeño y más interno. La joya se pule antes de ser colocada en la montadura. Según las leyes de la Existencia, los Diez Mandamientos deben ser colocados en el arca; es decir, la repre-

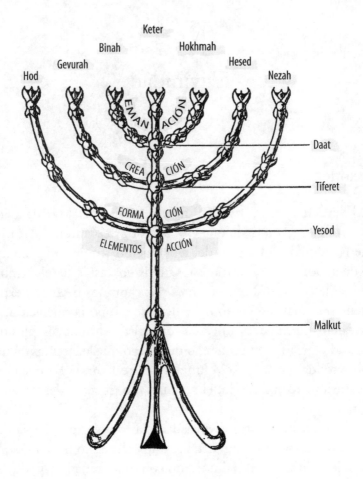

Ilustración 32. Candelabro. Hecho de una sola pieza de oro para representar la pureza de la Unidad Eterna, el candelabro de siete brazos es un símbolo de los diez atributos de la Divinidad. Con los de Misericordia a la derecha, los de Justicia a la izquierda y los de Gracia en el centro, la *Menorah* también contiene los veintidós senderos en sus decoraciones. La Misericordia divina, la Justicia y la Gracia son, de nuevo, simbolizadas en la base trípode. Los cuatro mundos también están incluidos en el diseño (Halevi, siglo xx).

sentación divina de las *sefirot* ha de estar contenida mediante una creación que simbolice tanto el espacio como el tiempo.

El arca, que después de las tablas de la ley, era el objeto más sagrado, sería un baúl oblongo y sus medidas estarían en codos: dos y medio de largo, por uno y medio de ancho, y uno y medio de alto. La base estaría hecha de madera de acacia sin nudos, sin fisuras y, según la tradición, fue llevada por Jacob a Egipto para mantenerla lista para cuando se usara. El cofre de madera estaría revestido con oro. Esa cualidad luminosa y permanente fue utilizada como expresión de la soberanía eterna de Dios. El oro, metal del Sol, era luz ilimitada sostenida en forma material. El recubrimiento del arca con madera de adentro hacia fuera, así como el cofre interno y el externo, expresa la Emanación oculta y la manifiesta. Para completar el simbolismo azilútico, a Moisés le fueron dadas instrucciones para hacer una corona de oro, que actuaría como un halo de esplendor que debía estar alrededor de la parte superior del arca.

La tapa del arca sería una losa de oro puro, de dos y medio codos de largo, por un codo y medio de ancho. Ése sería el asiento de la Misericordia. Bajo la perspectiva kabbalística, el asiento representa la parte superior de la Creación, que corresponde con la parte inferior de la Emanación, el lugar donde el mundo de la Divinidad se intercala con el mundo del Espíritu. En cada extremo del asiento estarían colocados dos querubines hechos con oro martillado; sus alas debían aparecer arqueadas sobre el asiento para formar un trono. Estas criaturas angélicas de los mundos superiores, a quienes Dios asignó para guardar el camino hacia el árbol de la vida, estarían a los costados de la santa presencia de la *Shekhinah,* que oscilaría entre éstos y arriba del arca. Como tales, representaban a las huestes de YAHVEH del lado derecho y las huestes de ELOHIM, del izquierdo. Dicha composición fue el trazo para el esquema de los tres pilares: la Misericordia a la derecha, la Justicia a la izquierda y la Gracia divina en medio. Desde el punto de vista de la Kabbalah, en ese lugar se encuentran las tres excelsitudes de la Creación con el CREADOR respaldado por los grandes espíritus de Raziel y Zafiel. Con buena razón el arca fue llamada el trono del Cielo. Más tarde sería cubierta con una tela color azul cielo cuando fuera transportada por los levitas. De acuerdo con la leyenda, la extensión de los querubines era de veintidós cuartas o palmos. Ése es el número de letras en el alfabeto hebreo. En la Kabbalah, las letras definen los senderos que unen a las *sefirot* en el Árbol. De acuerdo con la tradición, por medio de la combinación de las letras, la Creación llega a ser. Un extracto de la leyenda popular dice que los querubines tenían los rostros mirando hacia atrás, como si vieran a su maestro. La Biblia es más precisa y declara que sus rostros debían estar situados hacia el asiento de la Misericordia, donde el Señor promete morar y encontrarse con Moisés.

El arca sería el lugar desde donde la Divinidad se extendería a través de los mundos para hablar con los seres humanos. Ante ese altar terrenal un individuo podía dirigirse a su Hacedor, quien estaba preparado para salir de la Trascendencia Absoluta hacia el Universo relativo para hablar directamente con el ser humano "como un individuo habla con su amigo". Para toda la humanidad, tal suceso tuvo los resultados más extraordinarios; de hecho, el arca no sólo sería el centro del tabernáculo, el campamento israelita de las naciones circundantes, sino el foco de la Creación al tiempo que la Divinidad está en comunión con el ser humano, imagen de Dios en medio de la Existencia.

Creación y espíritu

Éxodo 25

Después del arca, prosigue la descripción de cómo hacer la mesa para el pan sin levadura o ácimo. Ésta debía ser construida de madera de acacia y luego revestida con oro puro. Igual que el arca, debía tener un borde coronado. La mesa debía situarse al Norte del tabernáculo. Sobre ésta debían colocarse doce panes hechos de harina fina y dejarse ahí durante una semana, ante la presencia de Dios. Después debían ser retirados de la mesa por los sacerdotes, quienes los comerían junto con los demás, y luego otros doce panes frescos se pondrían de nuevo sobre la mesa. Además de la mesa, otros utensilios debían ser usados para preparar el alimento sagrado. Dicho alimento hace referencia a dos niveles, porque es el sustento dado a todas las criaturas ante la mesa real de la Creación, también es el Anfitrión divino que lo provee todo. Por tanto, aunque el pan proviene de la tierra, las vasijas de oro nunca debían ser llenadas con algún producto terrenal, ya que eran consideradas la contribución celestial para la comida. El bello acomodo de la mesa puede verse como la ofrenda del ser humano a Dios, que según nos dicen, se complace con el servicio proporcionado por los representantes del sacerdocio de la humanidad.

El siguiente objeto que sería planteado es la *menorah* o candelabro de siete brazos. Éste debía situarse en el Sur, opuesto a la mesa del pan. Debía ser construido de oro puro y de una sola pieza. Su forma debía ser un eje central con tres brazos de cada lado, para formar siete porta-velas en total. La decoración debían ser veintidós elementos, de manera que no sólo fuera una hermosa pieza para el ritual, sino un diagrama metafísico de las leyes de la Existencia. Lo anterior puede ser visto de la siguiente manera: la llama central es la Corona de la Gracia, con la misericordia o luz activa a la derecha y a la izquierda la severidad o luz pasiva (Ilustración 32). Los tres puntos de unión de los brazos en el eje central del Equilibrio sujetan los sitios del Conocimiento, Belleza y Fundamento y la base de tres pies como el Reino. Las doce decoraciones corresponden con los veintidós senderos en el Árbol que conectan a las *sefirot*. El pasaje (*Éxodo 26:30*) insiste en que el diseño revelado en la montaña debe seguirse al pie de la letra; sin que haya alguna distorsión humana en ese preciso modelo de la Enseñanza.

Cuando se colocan juntos, la mesa y el candelabro forman una unidad, con la luz que baña el alimento sagrado que debe ser situado ante el velo del arca. Visto bajo la perspectiva kabbalística, esos dos símbolos pueden ser considerados como las dos *sefirot* más bajas del árbol de la Divinidad y simultáneamente ser las dos de más arriba en el mundo del Espíritu. La mesa a la derecha es la Acción que otorga el sustento y el candelabro a la izquierda, la formulación de la Tradición. Tales cualidades y funciones se aplican a *Nezah* y *Hod* de la Divinidad, y a *Hokhmah* y *Binah* de la Creación. Entre éstas y más allá está el asiento de la Misericordia, que completa la triada que sitúa el Trono del cielo bajo el Ser humano divino en la visión de Ezequiel.

El significado interno de dichos objetos sagrados es la correspondencia que tienen con los niveles en un individuo. El arca es la parte de uno en que habita la Divinidad no vista y, en ocasiones, no conocida. Es el lugar donde nuestro espíritu llega ante el Santo en nuestro interior; mientras que la mesa y el candelabro simbolizan las fuentes ocultas de sustento y apoyo espiritual. Sin embargo, igual que con el arca en ese punto de las escrituras, todavía necesitan ser ejecutadas. Dicha etapa no ha sido alcanzada porque aún no existe un organismo psicológico inalterable o una disciplina física estable para que tales principios se manifiesten en forma y en materia. El diseño y construcción del tabernáculo, así como el atrio que lo rodea, que representa las partes inferiores de la Creación, la Formación completa y las partes superiores del ámbito de la Acción, simbolizan el vehículo espiritual, el psicológico y el físico desarrollados en el individuo.

Para un individuo, la situación descrita revela que su parte más desarrollada representada por Moisés, se halla bajo un proceso de instrucción profunda. Sin embargo, aún no existe conexión entre el nivel superior y el inferior de la conciencia. Existe la teoría pero sin aplicación, y la revelación pero sin comprensión. El conocimiento directo está presente, aunque todavía no hay manera de aplicarlo a la vida ordinaria. Los ancianos en la psique esperan abajo, pero fuera de la vista y los israelitas en la psique inferior permanecen alejados del pie de la montaña. Los niveles están ahí, aunque sin conexión. El matrimonio entre los mundos aún debe consumarse. De manera simbólica, en la próxima secuencia esto será expuesto.

Mundos dentro de mundos

Éxodo 26

Las instrucciones para la fabricación del tabernáculo no comienzan con la estructura de madera, sino con diez cortinas que representan las diez *sefirot* del mundo de la Formación. Éstas serían hechas de lino blanco tejido con hilo azul, púrpura y escarlata para simbolizar los cuatro niveles de la Divinidad, la Creación, la Formación y la Acción en el mundo yezirático. El empalme de las cortinas, de manera que colgaran de arriba hacia abajo y a cada lado, nos habla de los tres pilares; de igual manera, la unión de éstas en un todo significa la unidad en ese mundo. Los querubines bordados en la tela indican que se trata del ámbito de los ángeles.

La segunda, tercera y cuarta capa de piel de cabra, de carnero y pieles finas sobre las cortinas de lino pueden verse no sólo como protección contra los elementos, sino como las tres partes externas o inferiores de la Formación, conforme se contactan con el mundo de la Acción. Las pieles provenientes de un animal del monte, de una bestia del campo y de una criatura del mar describen la jerarquía de los niveles protegidos por las cortinas interiores. El onceavo panel de piel de animal marino que forma el pliegue al frente de la tienda podría ser visto como el lugar donde se entrelazan los tres mundos inferiores más allá de la mampara o pantalla que estará frente a la entrada del tabernáculo.

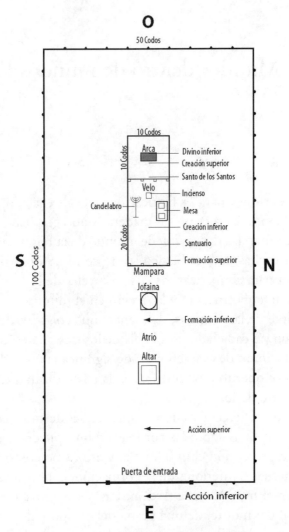

O

50 Codos

10 Codos

Arca — Divino inferior
— Creación superior
— Santo de los Santos

Velo — Incienso

Candelabro — — Mesa

— Creación inferior

— Santuario

S   — Formación superior   N

100 Codos

Mampara

Jofaina

← — Formación inferior

Atrio

Altar

← — Acción superior

Puerta de entrada

← — Acción inferior

E

Ilustración 33. Plano del tabernáculo. El diseño del Tabernáculo es el esquema de los cuatro mundos. El Arca es el nivel inferior de la Divinidad representada por el Santo de los Santos, también relacionada con la parte superior de la Creación. El Santuario simboliza la porción inferior de la Creación que corresponde con la sección superior de la Formación. El Atrio, arriba del Altar, es el nivel inferior de la Formación, contraparte de la sección superior de la Acción. Fuera del recinto se halla la porción inferior de la Acción donde acamparon los israelitas (Halevi, siglo xx).

El armazón de madera del tabernáculo está recubierto con oro por fuera y por dentro, lo que indica la conexión entre el mundo de la Formación y el mundo divino de la Emanación: *Keter* (Corona) de la Formación hace contacto con el *Malkhut* (Reino) de la Emanación en *Tiferet* de la Creación. En términos humanos, es ahí donde la psique toca a la Divinidad en la *sefirah* central del espíritu. El diseño del tabernáculo permite ser erigido y desmantelado a voluntad. Esto también tiene un significado esotérico, porque describe cómo un individuo en medio de una labor física, una actividad psicológica y un trabajo espiritual, puede instalar un lugar sagrado en donde llevar a cabo actos de devoción, meditación o contemplación. Instalar y luego levantar la tienda interior del tabernáculo es algo que ocurre todos los días en la vida de una persona en su camino a Tierra Santa.

Las proporciones exactas del tabernáculo tienen una razón de ser. De acuerdo con las especificaciones, el Santo de los Santos es un cubo perfecto que describe las seis direcciones de la Existencia. Esto nos dice que el Santo de los Santos, que contiene el arca, representa el nivel inferior de la Emanación, tal como se manifiesta en la mitad superior del mundo creativo. La parte superior de la Divinidad está representada por la presencia de la *Shekhinah* que oscila entre las alas de los querubines. El doble largo o longitud del santuario indica que la parte inferior de la Creación y la superior de la Formación están contenidas en el doble cubo.

El simbolismo del tabernáculo es completado por el velo colocado entre el santuario y el Santo de los Santos y por la pantalla a la entrada de la tienda que separa el tabernáculo del atrio y más allá.

El velo ante el Santo de los Santos, de nuevo, está hecho de lino, blanco, azul, púrpura y escarlata y bordado con querubines. Este suntuoso colgante pende de postes de madera de acacia cubierta con oro. De nuevo vemos los cuatro niveles de la voluntad divina, la mente divina, el corazón divino y la acción divina que sostienen la Existencia. El velo mismo, además de repetir ese tema, sella el Santo de los Santos en oscuridad total para que la *Shekhinah* more fuera de la mirada de los seres humanos, excepto cuando el sumo sacerdote entra en el Santo de los Santos en días especiales. Para un individuo, la importancia del símbolo del Santo de los Santos representa el lugar más interno de su inconsciente donde mora el arca interna de Dios. En algunas ocasiones especiales, cuando el sumo sacerdote (o contacto divino) en una persona es despertado, su conciencia puede entrar en ese espacio en el nivel más profundo de su ser y llegar a su propio santo de los santos. Ahí, en la quietud del silencio y la oscuridad total, puede entrar en comunión con Dios, que no está representado con una imagen.

Los cinco postes en la entrada del tabernáculo pueden ser vistos como símbolos de lo que en Kabbalah se conoce como los cinco jardines (Ilustraciones 3 y 34). Éstos se encuentran formados en el árbol extendido de la escalera de Jacob por la configuración en forma de cometa de las *sefirot*, conocidas como caras. Los cinco jardines, empezando desde abajo, representan: *1)* la Tierra inferior; *2)* la Tierra superior y Edén inferior; *3)* Edén superior y Cielo inferior; *4)* Cielo superior y Emanación inferior, y *5)* Emanación superior. También pueden ser considerados las cinco *sefirot* inferiores del árbol de la Creación y los cuatro postes frente al arca en representación de las *sefirot* superiores; la Corona de ese mundo está oculta en el mismo Santo de los Santos.

El tabernáculo completo puede percibirse como un conjunto de elementos intercalados y bellamente diseñados como símbolos de los mundos superiores del Universo y los niveles internos del ser humano. El orden y la composición del mismo están tan cuidadosamente establecidos en las escrituras, que debemos concluir que nada está fuera de la razón; aun los tablones, las barras, las conexiones y los aros tienen un significado interno. Aunque nunca conozcamos la imagen completa, puesto que los eruditos dicen que los detalles se han perdido o fueron añadidos al texto más tarde, aún podemos reconocer el fundamento esotérico de este edificio sobre el que Salomón basó su templo.

Para un individuo, el significado de lo anterior es que tiene que construir un tabernáculo dentro de su ser; llevar las ofrendas del cuerpo y de la psique y formar, de acuerdo con un diseño espiritual, un lugar interno donde el alma y el espíritu puedan tener una relación correcta con lo más elevado en el Santo de los Santos. Sin embargo, mientras esa parte interna es construida, el atrio exterior que rodea al tabernáculo tiene que ser construido de manera que haya afluencia entre el mundo superior e interno y el mundo inferior y externo.

Del cielo a la tierra

Éxodo 27

Antes del atrio del tabernáculo, según está especificado en *Éxodo*, se expone el diseño del altar. Éste debía ser elaborado con madera de acacia, pero cubierto con bronce. El uso de esa aleación de latón y cobre menos preciosa no sólo denota los mundos inferiores, sino que es también la interpenetración del mundo físico superior y el mundo inferior de la Formación. El bronce es utilizado a lo largo del atrio, incluso en las estacas que detenían los postes externos.

El altar en sí también contiene el principio de los cuatro mundos en sus cuatro cuernos en las esquinas. Abajo, dentro y a medio camino de la base, el altar tiene una rejilla, que no es sólo un nivel práctico para el proceso de quemar, sino una declaración bastante precisa acerca del empalme entre los mundos, pues es ahí donde el fuego transmuta las ofrendas de un estado físico sólido en grasa líquida, luego en humo que se evapora y asciende a la Divinidad. El método del sacrificio puede parecer primitivo al humano moderno, pero debemos aceptarlo como una costumbre externa de ese tiempo y captar el significado interno. Dar el mejor producto para el sacrificio era transformarlo de lo profano a lo sagrado, de modo que aquello que fuera sacrificado se hacía para su beneficio, así como de quien lo sacrificaba. La alternativa era acerca del animal que sería sacrificado para servir la mesa.

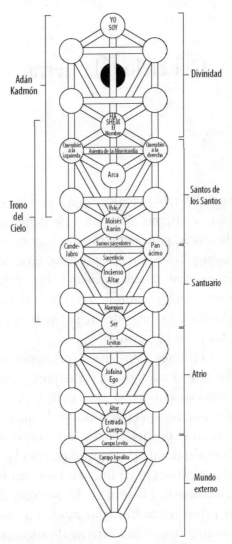

Ilustración 34. Escalera del tabernáculo. En este esquema, los objetos sagrados representan diferentes roles del sacerdocio. Por ejemplo, la mampara sirve de escudo a la entrada del Santuario para quienes aún no alcanzan un cierto nivel espiritual. La razón es que el Conocimiento superior da un poder que puede ser mal utilizado por quienes no poseen sabiduría ni entendimiento. Sólo a los Sumos sacerdotes les era permitida la entrada al Santo de los Santos (Halevi, siglo XX).

En las instrucciones iniciales dadas a Moisés en la montaña no hay mención de la gran jofaina de agua para abluciones, como tampoco se menciona el altar para el incienso ante la cortina del arca en el santuario del tabernáculo. Algunos estudiosos consideran que dichos versos fueron añadidos después del exilio de Babilonia. Éstos tienen el propósito de ejemplificar la purificación de los sacerdotes y la elevación del nivel de la conciencia de los celebrantes por medio del uso del incienso. La Tradición estipula que la jofaina para abluciones estaba hecha con espejos de metal de las mujeres que asistían a la puerta de la tienda de reunión. Con claridad esto simboliza la idea de la disolución de la vanidad del ego y su transformación en un instrumento para obtener pureza: papel exacto que desempeña la *sefirah* de *Yesod* en el mundo psicológico de la Formación. Las paredes externas del atrio repiten las proporciones del tabernáculo, aunque en una escala mayor. En la sección occidental, la presentación del tabernáculo también repite la idea de que la parte inferior de un mundo es colocada dentro de un área más amplia. Por tanto, el arca, parte inferior de la Emanación, está contenida en el Santo de los Santos o parte superior de la Creación que, a su vez, está contenida en la parte inferior de la Creación del santuario, que también es envuelto por el tabernáculo, que a su vez es rodeado por el atrio, donde la parte inferior del mundo de la Formación es simultáneamente la parte superior del mundo de la Acción. Más allá de la barda del atrio yace la parte inferior del mundo Natural, subdividido en los levitas y los israelitas y todas las naciones bajo la ley animal, la vegetal y la mineral. De manera que el esquema de los mundos está completo.

Los detalles de la pared externa indican con claridad los mundos inferiores. Para comenzar, los metales utilizados son la plata y el bronce, que representan a la Formación y a la Acción. La tela que cuelga entre los postes de bronce es lino; sólo en el lado poniente, donde está la entrada al atrio, donde se pondrán basas de cuatro colores. Ahí, cinco postes sostendrán cuatro lienzos, de modo que se obtiene una repetición de los cuatro niveles y las nueve *sefirot*; la décima siempre es considerada como si estuviera fuera de la vista en los niveles superiores. Las dimensiones en cien y cincuenta codos bien pueden simbolizar el mundo inferior, entrelazándose con su mitad superior. No es posible asegurar lo anterior porque el texto original está incompleto y ciertamente ha sido modificado; para ilustrar el punto, los últimos dos versículos del pasaje cambian de manera abrupta de un gran diseño a la explicación mínima acerca de los ingredientes para la confección de una lámpara de aceite. Es probable que dicha fórmula más bien retrate un arte clerical que se trate del conocimiento de los mundos internos y los superiores.

Apartándonos del detalle para ver el tabernáculo como centro del campamento israelita, vemos cómo se convertirá en el punto focal en el desarrollo psicológico y espiritual del pueblo. Como símbolo de los mundos internos y los superiores, la presencia del tabernáculo influirá en las tribus y las conformará en una sociedad ordenada basada en la ley fundada en los Principios divinos. Mediante la teoría y la práctica kabbalística, la construcción de un tabernáculo interno en un individuo crea y forma un centro de gravedad similar que, con el paso del tiempo, transformará el estado de su psique y su espíritu.

Visto en términos de la Escalera de Jacob, el tabernáculo se expresa con precisión en sus varios niveles. En la cara inferior del árbol físico, los israelitas representan las actividades y los valores de la vida ordinaria. Arriba, los levitas representan un nivel más elevado de vida, donde los parámetros se relacionan con los mundos superiores. La entrada al atrio y la triada del altar son lugares donde lo físico se traduce en la Forma del árbol inferior psicológico; la jofaina es el punto donde el ego es limpiado (a los israelitas se les permitía entrar al atrio o Acción superior). La puerta del ser ante la tienda de reunión se halla en el sitio donde se entrelazan los tres mundos inferiores, y la triada del alma actúa como la pantalla ante el santuario que separa a la psique inferior, de la cara superior psicológica y la espiritual inferior. Ahí, en lo alto del Entendimiento psicológico y la Sabiduría, se encuentran el candelabro y la mesa para el pan de la proposición. La triada del Juicio y la Misericordia espiritual representa el velo interno ante el Santo de los Santos, donde está el arca, en el lugar del Conocimiento espiritual (justo arriba del sitio donde se entrelazan los tres mundos superiores). Entre querubines mora *HaShem*, el Nombre de YAHVEH-ELOHIM, el Dios de Israel. Más allá del abismo de la oscuridad se halla la Corona de Yo Soy.

El énfasis en las escrituras ahora cambia de la perspectiva macrocósmica, plasmada con el tabernáculo, y se concentra en el aspecto microcósmico de la Enseñanza relativa al ser humano, ejemplificado con la estructura y los rituales de la comunidad.

Conocimiento del ser humano

SUMOS SACERDOTES Esotérico Enseñanza sobre la Divinidad en la religión	Mundo de la emanación
SACERDOTES Mesotérico Enseñanza sobre el espíritu y la Creación Esquema cósmico en la religión	Mundo de la Creación
LEVITAS Exotérico Enseñanza sobre el alma Ética y costumbres Práctica psicológica y social en la religión	Mundo de la Formación
ISRAELITAS Ritual físico en general y acción personal Apoyo a los niveles superiores Trabajo mundano	Mundo de la Acción

Ilustración 35. Jerarquía. Cuatro son los niveles de la humanidad; en el fondo se hallan quienes aún son almas jóvenes en el nivel vegetal. Hacia arriba están los levitas con el rango animal, administradores en la sociedad israelita. Más allá están los sacerdotes en el nivel humano de desarrollo, mientras que más elevado se encuentra el Sumo sacerdote, supuestamente iluminado, al menos al estar en el Santo de los Santos (Halevi, siglo xx).

Jerarquía humana

Éxodo 28

Como fue indicado, existe una clara diferencia entre la casa de Israel y los hijos de Israel. La casa de Israel se refiere a quienes tienen acceso al mundo de la Creación y tienen contacto directo con la Divinidad. Tales personas perciben las leyes divinas en operación en el mundo y en el individuo. Conocidos en otras tradiciones como los sabios, aquellos que conocen, o los iniciados, son parte del círculo interno de la raza humana, preocupado por la vida espiritual de la humanidad.

En *Éxodo,* la división de la raza humana está dispuesta de manera simbólica de acuerdo con el principio de los cuatro mundos; los hijos de Israel ocupan el lugar de la Acción en el perímetro de los círculos centrados en el Santo de los Santos.

En la parte de arriba de ese sistema de castas están los sumos sacerdotes, que pertenecen al clan aaronita y operan en el nivel inferior del mundo divino, puesto que el sumo sacerdote puede entrar al Santo de los Santos. Sin embargo, el privilegio por ser iniciados de alto rango conlleva responsabilidades y castigos, si se abusa del rol. La muerte accidental de dos de los hijos de Aarón durante la iniciación del tabernáculo es una advertencia para cualquiera que crea que no hay sino ventajas por tal exaltación. Lo anterior es acentuado con la advertencia de retirar el cuerpo del sumo sacerdote del Santo de los Santos si éste muriese ahí debido a algún pecado que podría ser considerado trivial en personas de menor grado. El sumo sacerdocio debía ser un ejemplo de integridad y pureza perfecta para poder entrar a salvo en el lugar más santo. Por tal razón, no les era permitido tocar a los muertos, casarse con mujeres divorciadas o provenir de un linaje dudoso para evitar la corrupción. Éstas y otras leyes del código sacerdotal expresaban la idea del buen estado general que debía tenerse para entrar en comunión con la Divinidad. Por tal razón, sólo el clan del sumo sacerdote podía sostener y transmitir la enseñanza esotérica sobre asuntos divinos.

Los sacerdotes no eran familiares cercanos de Aarón; corresponden con el nivel de la Creación en cuanto a que servían en el santo santuario del espíritu. Sus tareas eran ayudar a los sumos sacerdotes en las ceremonias de rutina y guiar a los otros levitas en su trabajo. Una de las tareas de los sacerdotes era acompañar al ejército como presencia religiosa en las campañas de Israel contra los no creyentes. Igual que los sumos sacerdotes, tenían prohibido hacer ciertas labores permitidas a las dos castas más bajas para poder preservar la integridad espiritual, ya que ellos eran responsables de enseñar los aspectos mesotéricos o cósmicos de la *Torah*. El conocimiento de Israel sobre el mundo de la Creación fue preservado durante varios siglos en ciertas familias. Por desgracia, la tendencia de guardar dichos secretos se convirtió en exclusividad y, de acuerdo con la ley espiritual, les fue retirado quedando sólo la envoltura de la Tradición. De manera providencial, las revelaciones de profetas como Ezequiel y algunos místicos posteriores corrigieron dicha discrepancia para Israel y el conocimiento fue recuperado y transmitido a la línea rabínica, así como a la de los esenios.

Los levitas eran los tres clanes de Merari, Guersón, y Coat. Ellos eran representantes del mundo de la Formación o nivel psicológico. Su trabajo no sólo era dirigir la organización del tabernáculo, sino cantar, tocar música y transmitir la enseñanza exotérica sobre el alma mediante las costumbres y las prácticas sociales. Como escribas de la nación, estaban interesados en la formación cultural o psicológica del pueblo. Lo llevaban a cabo escribiendo, bajo la dirección de los superiores, una historia basada en la saga tribal y los mitos entremezclados con la Enseñanza. Ése fue el inicio de la tradición escrita. Igual que los sacerdotes y sumos sacerdotes, los levitas no tenían patrimonio, es decir, no tenían herencia física. Esto era no sólo porque se decía que el Señor era su legado, sino porque, como símbolos de la psique, únicamente podían poseer una conexión simbólica con el mundo físico (expresada en las ciudades levitas que les serían concedidas cuando Israel entrara en Canaán). En el conjunto del tabernáculo, los levitas servían principalmente en el atrio, donde actuaban como intermediarios entre el sacerdocio y los israelitas, a quienes se les permitía entrar por la puerta exterior para participar en la adoración.

Los israelitas constituían la gran mayoría de la nación y representaban el nivel ordinario, como el de nacer, madurar, casarse, tener hijos, envejecer y morir. Aquí, en la parte inferior y exterior del mundo de la Acción, las leyes físicas tenían su máximo efecto. Los levitas y los sacerdotes eran protegidos de tales problemas por las personas que les proporcionaban alimento y vestido, además enfrentaban las embestidas tanto de los enemigos físicos como psicológicos que atacaban con violencia el perímetro exterior del campamento o trataban de seducir o atraer a los israelitas mediante costumbres que eran atractivas para los sentidos y la psique inferior. Los israelitas, egocéntricos, influibles, en busca de evitar el dolor y encontrar el placer, simbolizan la psique aún sujeta en gran parte al mundo de la Naturaleza con sus estados de ánimo elementales y valores de colmillo y garra. Sin la presencia de los otros niveles, los israelitas pronto hubieran sido derrotados, desmoralizados o divididos en facciones tribales internas. Ello ciertamente los hubiera llevado a la disolución y a ser absorbidos por los cultos politeístas que los rodeaban. En el nivel individual, éste es el escenario de la condición natural humana que no se percata del alma, de la guía del espíritu ni de la gracia de la Divinidad, que sí se expresa en los levitas, los sacerdotes y los sumos sacerdotes.

Tomando el papel del sumo sacerdote como símbolo del ser humano perfecto, examinemos *Éxodo 28* para ver cómo el diseño de las vestiduras sigue el principio de los cuatro niveles, como imagen idealizada de un ser humano evolucionado.

Niveles en el ser humano

Éxodo 28

Veaseetah vigedai kodesh: "Harás para Aarón, tu hermano, *Le-Kavod oole Tiferet,* vestiduras sagradas que le den esplendor y majestad". "Y hablarás a todos los hombres capaces, a los que he dotado del espíritu de sabiduría (*Ruah Hokhmah*)" (*Éxodo 28, 2-3*). El texto continúa exponiendo el esquema general de las vestiduras, conformadas por un pectoral, un efod, un manto, una túnica bordada, un turbante y un ceñidor o banda. Después se agregarán un par de pantalones, un total de siete elementos. El número por sí mismo indica los siete niveles o estados de conciencia, pero en este punto nos limitaremos a los cuatro mundos.

El efod o toga es la primera pieza del vestuario que es especificada en detalle. Cosidas sobre un manto de lino deben entretejerse hebras en estambre dorado, azul, púrpura y escarlata. El oro simboliza la chispa divina en el ser humano, el hilo azul es su vehículo espiritual, el púrpura es su organismo psicológico y el escarlata representa el color de la sangre del cuerpo físico. La prenda bordada ricamente debía ser sostenida en los hombros por dos correas, mientras que en el frente debía estar un pectoral de oro con incrustaciones de doce piedras preciosas, dispuestas en cuatro hileras de tres. Dicho pectoral estaría sujeto por cadenas de oro a un par de cornalinas, una en cada hombro, puestas en dos escarapelas de oro. Las piedras cornalinas debían ser grabadas con los nombres de los hijos de

Israel, seis en cada lado, destinando cada piedra en el pectoral a cada una de las tribus. La parte inferior del pectoral era sujetada al efod con hebras azules.

Con el tiempo, la traducción de las palabras *ephod* y *hoshen* para la fabricación del pectoral, perdió su significado original, de manera que ha habido demasiada especulación acerca de las piedras, sus nombres y su acomodo. Algunos rabinos consideran la jerarquía del orden fraternal como una progresión de derecha a izquierda, indicando el descenso de los principios divinos con el Rayo Luminoso, mientras que otros ven el pectoral como el árbol sefirótico, más los tres *zahzahot* o esplendores ocultos de la Kabbalah, antecesores de las *sefirot*; la Corona es simultáneamente el enlace entre el Árbol y las raíces ocultas de los pilares. Muchos rabinos pensaban que las letras de los nombres de las tribus conformaban los numerosos nombres de Dios, particularmente *Shem Ha Meforash*, o el Nombre especial del Señor. Sólo los sumos sacerdotes conocían cómo verbalizar ese nombre y lo murmuraban ante el pueblo en el día más santo de expiación.

De acuerdo con la leyenda, el brillo de las piedras fue utilizado como oráculo. De ahí que cuando una pregunta importante debía ser planteada, ésta era dirigida al sumo sacerdote, ataviado con todas sus galas. Según la leyenda popular, el pectoral daba respuesta al encender ciertas piedras y letras del alfabeto; por tanto las palabras se formaban para dar la respuesta. Sea lo que dicho método pueda haber simbolizado, el pectoral era considerado infalible, siempre que el sumo sacerdote tuviera suficiente pureza de corazón y claridad mental, es decir, equilibrio psicológico y un espíritu desarrollado.

Detrás del efod se encontraba la bolsa de los *urim* y *tummim*. El significado verdadero de dichos términos se ha perdido, aunque se sabe que también eran utilizados como oráculos. De acuerdo con la pregunta, y dependiendo si a los *urim* y *tummim* se les hacía hablar, la respuesta sería un sí o un no. Dichos métodos adivinatorios eran utilizados cuando la nación enfrentaba algún asunto importante. La operación estaba exclusivamente en manos del sumo sacerdote, cuidando que un oráculo angélico inferior, incluso de orden demoníaco, no tuviera prioridad sobre el divino.

El pectoral junto con los *urim* y *tummim* representan la parte inferior del mundo de la Divinidad. Más tarde en el texto, la parte superior del mundo de la Emanación está simbolizada por un turbante y grabadas en la chapa hecha de oro puro las palabras de *Kodosh le* YAHVEH o "Consagrado a YAHVEH". Ese santo nombre representa a la Corona en el árbol de la Creación, que está en el centro del mundo de la Divinidad. Así, Aarón usa sobre su cabeza y el corazón los símbolos y el instrumento con que el sumo sacerdote puede conocer la Voluntad divina.

El manto azul con su color del cielo no sólo es representativo del mundo de la Creación, sino del organismo espiritual en un ser humano. Las granadas que cuelgan alrededor del manto son símbolos de la potencia de la Creación, mientras que las campanillas entre éstas, servían para reproducir un sonido que fuera escuchado afuera del Santo de los Santos. La resonancia indicaba que el sumo sacerdote aún estaba vivo, conforme se movía en la oscuridad protectora ante el resplandor de la *Shekhinah* que oscilaba encima del arca. Para un individuo, la importancia estriba en que el espíritu subyace y está contenido por la Divinidad, igual que el trono celestial en la visión de Ezequiel que permanece debajo de la Gloria. El color celeste de la prenda indica la escala universal del nivel espiritual donde el cuerpo se desvanece y la psique es reducida a un punto. Sólo quienes pueden funcionar en un estado de conciencia cósmica tienen la posibilidad de acercarse y entrar sin incidentes al Santo de los Santos.

El manto a cuadros representa el cuerpo psicológico; los cuadros indican la interacción de los opuestos y las combinaciones subsecuentes de atracción, repulsión y equilibrio que se experimentan en la situación cambiante del mundo psicológico de la Formación. Los cuadros también revelan cómo el alma debe elegir constantemente entre el bien y el mal, igual que la fluctuación de las circunstancias en constante alteración, conforme el Cielo arriba se somete a las tribulaciones de la Creación e influye en los mundos de abajo. La prenda, usada debajo de los dos mantos superiores, es la más larga y llega hasta el suelo; está en contacto con el cuerpo físico del sacerdote por el lado interior y actúa como aislante y conexión con el manto azul, igual que hace la psique entre el cuerpo y el espíritu. Quizá haya un contacto con el efod en la parte más alta para establecer una conexión con la Divinidad, como se indica en la Escalera de Jacob.

Una banda confeccionada con tres colores sagrados es ceñida alrededor de la cintura, de manera que cada manto queda separado en niveles, así los distintos largos representan la intercalación de los mundos y los cuerpos. Los pantalones de lino usados para cubrir los genitales mientras se está en el lugar santo indican un misterio de *Yesod*, la *sefirah* del Fundamento que brota de la *sefirah* no manifiesta del Conocimiento (*Daat*), en un nivel superior. El significado implícito es que nada de lo secreto debe ser revelado a los niveles inferiores. El término en hebreo para Fundamento es *Yesod*, que contiene la palabra intermedia *sod*, que significa "secreto".

Para un individuo, la descripción de las vestimentas del sumo sacerdote es un recuento de su propia composición. Están los cuatro niveles de su ser, vistos como realmente son. La Divinidad no sólo se encuentra en su centro, sino que envuelve al espíritu o el aspecto cósmico de sí mismo, dentro del cual, a su vez, reside su psique y contiene el núcleo de su cuerpo físico. Éste es el principio esotérico de "como es arriba es abajo" puesto en acción en términos bíblicos. En quienes no se han desarrollado, los tres vehículos inferiores o carrozas, como a veces son llamadas, están en varias etapas de evaluación. Quizá el cuerpo físico es el más evolucionado en complejidad, junto con el organismo psicológico en varias personas que se encuentran en un estado de gestación o desarrollo temprano. La anatomía espiritual en la mayoría de los individuos es, probablemente, una nube amorfa; pero la parte divina es como un efod exquisitamente tejido y perfecto.

Degeneración del conocimiento

Éxodo 29

Si el tabernáculo representa el mundo creativo del Universo y las vestiduras de los sacerdotes a los cuerpos del ser humano, entonces los rituales definidos en la montaña están relacionados con la unificación de ambos. Sin embargo debemos recordar que las escrituras pueden haber sido modificadas por el código sacerdotal introducido durante o después del primer exilio a Babilonia (*circa* el siglo VI antes de la Era Común), que tiene varios elementos de clericalismo. Para percibirlo debemos examinar el texto con ojo crítico y no creer que todo lo que se lee en la Biblia es escritura santa. Por lo general, una perspectiva tal es sostenida por quienes no tienen conocimiento esotérico o comprensión del antecedente histórico de las escrituras. Ciertamente, la Biblia fue inspirada por Dios; pero los seres humanos que poseen distintos niveles de comprensión han traducido los textos según su entendimiento y éstos a su vez han sido alterados por escribas y copistas quienes han diluido, omitido y aun agregado ciertos textos. El resultado es que el canon escrito, como concuerdan los rabinos, es sólo un fragmento de lo que fue el contenido original.

Un ejemplo de dicho fenómeno es evidente en *Éxodo 29*. Algunas porciones del texto están basadas en la revelación de Moisés, pero el resto probablemente es la adición de algún escriba, más preocupado por la complicada ceremonia que por su significado. El sacrificio de sangre bien puede haber sido una forma auténtica para un ritual en esa época, pero la preocupación por los detalles como la grosura del hígado y qué hacer con los riñones, señala claramente la conexión con el clericalismo más que con el conocimiento superior. Una experiencia de la realidad espiritual, algo de sentido común psicológico, así como un poco de erudición, pronto ayudan a distinguir lo que es auténtico de lo que no es. En los versículos iniciales, un becerro y dos carneros sin defecto han de ser llevados para comenzar la consagración de Aarón y sus hijos; también pan, pasteles y galletas sin levadura, mezcladas o untadas con aceite. Aquí vemos el reino vegetal y el animal. Luego los iniciados deben ser acompañados al atrio del tabernáculo, o sea fuera del mundo físico exterior hacia el nivel psicológico inferior. Ahí están de pie ante la entrada a la tienda donde los tres mundos inferiores se reúnen. En ese lugar son lavados en la jofaina, o posición del ego. Luego Aarón es ataviado en una secuencia que empieza con la ropa interior y termina con la tiara o turbante de dedicación santa sobre la cabeza. Esa investidura es símbolo del proceso evolutivo del cuerpo, del alma y del espíritu. Ungir con aceite representa la gracia divina que desciende sobre la corona de Aarón. Después, la misma secuencia de iniciación es utilizada en sus hijos.

El texto dice que el rango de sacerdote ha de ser sostenido por siempre; pero debemos recordar que varios sacerdotes abusaron de su posición, por lo que, con el tiempo, la casta sacerdotal perdería el respeto del pueblo, debido a sus costumbres corruptas y su preocupación por el poder mundano. Con la destrucción del segundo templo por los romanos, su influencia se redujo a un símbolo. Esto nos lleva a la pregunta: ¿quién es el autor de las palabras "y les corresponderá el sacerdocio por ley perpetua", en *Éxodo 29:9*? ¿Fue una instrucción divina o un sacerdote protegiendo sus privilegios?

Luego, en el texto aparece la matanza del toro y la consagración del altar con su sangre, después de lo cual se quema la grosura, el hígado y los riñones. La piel y las vísceras han de ser destruidas fuera del campamento. Aquí surge la pregunta:

¿por qué es necesaria la muerte del animal? Además de su función como ofrenda de alimento a la deidad, los antiguos creían que el ritual de matar realzaba los sentidos, a medida que se liberaba la vitalidad por medio del sacrificio, y esto tenía un efecto sobre quienes estaban presentes en el momento de la muerte. Dicho fenómeno era usado para elevar el nivel de los celebrantes y pudieran percibir un atisbo del siguiente mundo, como lo han vivenciado quienes han visto una muerte. La elección de un toro se debe a que era el epítome de poder físico y de la abundancia, además de ser visto como un símbolo de lo que es cedido para poder obtener acceso a los estados más elevados y a mundos superiores. Los órganos quemados en el altar representaban la conversión de la sustancia (transubstanciación) de la materialidad terrena en una anatomía más sutil. La quema de la piel y las vísceras fuera del campamento es el reconocimiento dentro del ritual de que no todo lo que se ofrenda puede ser transmutado porque pertenece al mundo externo o inferior. Por tanto, es llevado fuera del atrio y del campamento para ser regresado a los ámbitos elementales de la Tierra.

Después se mataba a dos carneros; el primero era otra ofrenda de alimento para apaciguar a la deidad, mientras que la sangre del segundo era puesta en el lóbulo de la oreja derecha, en el pulgar de la mano derecha y en el dedo pulgar del pie derecho tanto en el caso de Aarón como en el de sus hijos, antes de ponerlo a arder sobre el altar. Es probable que ésta también sea la descripción de una ceremonia simbólica que llegó a ser corrompida por los sacerdotes que no conocían ya más que la forma externa del ritual. El texto continúa para describir cómo la sangre del carnero debe ser esparcida sobre las vestiduras de Aarón y las de sus hijos para santificarlos. El relato es un suceso que en alguna época debió haber tenido más significado de lo que está descrito, si es que su propósito realmente era santificar a la persona y sus vestiduras. Dichos rituales son formas de magia elevada en cuanto a que la realización física de ciertas acciones invoca los poderes ocultos del mundo psicológico. Sin embargo, la magia, o el arte de manipular el mundo de la Formación, no importa cuán eficiente sea, no es del mismo orden que lo milagroso, el poder espiritual del mundo de la Creación. La magia, como fue señalado antes, es de orden inferior porque sólo tiene un contacto con la Divinidad, en la Corona de la Formación; y la mayoría de los magos evitan tal conexión porque sólo quieren ejercer su voluntad. Por eso la magia fue ferozmente desalentada en Israel. En su mayoría, el resto del capítulo está relacionado con los detalles de los rituales. Describe lo que debe hacerse con los intestinos, la pata derecha, el pecho y la cabeza de los carneros y cómo lo que no era quemado como ofrenda pertenecía a Aarón y a sus hijos. En este punto, de nuevo, una observación objetiva es la del elemento del egocentrismo que habría de influir en la conducta de los sacerdotes a lo largo de los siglos. El tiempo probaría una y otra vez que sus motivaciones fueron de carácter mortal y no espiritual.

Luego de siete días de una iniciación en la casta sacerdotal, el texto describe los sacrificios de rutina, las criaturas y objetos que serán utilizados, así como el horario en que se harán las ofrendas. Por ejemplo, un sacrificio debe hacerse como indican los versículos 39 y 40, aunque la redacción es más una mala edición de un manual de instrucciones que un documento de revelación divina. Sólo en el último versículo del capítulo la revelación irrumpe de nuevo con la promesa de que Dios se encontrará con Moisés en el tabernáculo después de ser santificado y tanto Aarón como sus hijos hubieran sido consagrados. Las palabras: "Y habitaré entre los hijos de Israel y seré su Dios", eleva el nivel y lo saca de lo trivial. El versículo final: "Y ellos conocerán que YO SOY YAHVEH ELOHIM", da al texto su calidad original. Un ejercicio útil es que un individuo aprenda a reconocer la diferencia entre los niveles de sus estudios y tener la integridad para actuar según su experiencia y no en rumores, por serios que parezcan.

Regeneración del conocimiento

Éxodo 30-1

El comienzo de los versículos en *Éxodo 30* exponen las especificaciones para el altar del incienso, que debía ser situado ante el velo del Santo de los Santos en el Santuario. Debía estar confeccionado con madera de acacia y cubierto con oro puro, incluidos los cuernos y postes que lo sostendrían. Ahí, Aarón quemaría incienso mañana y noche. Y sobre éste sólo el incienso autorizado, y Aarón pondría sangre sobre los cuernos una vez al año para la expiación. He aquí, de nuevo, una mezcla de instrucción esotérica y arte clerical. Debe notarse que el altar para el incienso es casi una idea tardía, bastante separada de las primeras indicaciones acerca de los utensilios sagrados y el tabernáculo. Quizá los sacerdotes estarían copiando alguna costumbre local o, incluso, adaptando el quemador del incienso para adecuarse a la práctica usual.

El uso del incienso es no sólo para producir un aroma agradable que subía hacia la Divinidad, sino para que los sacerdotes y asistentes pudieran cambiar a un estado elevado. Dicha técnica bioquímica que eleva la conciencia es un método universalmente reconocido. Por desgracia, estados tales provocados por el uso de drogas sin entrenamiento interno sólo consiguen una ligera separación de cuerpo y psique, de modo que se precipita un sentido distorsionado de la realidad, que con frecuencia atrae, no sólo visiones extrañas, sino también ocasiona un desequilibrio de la psique. Bajo el régimen de un maestro hábil, tales aberraciones pueden ser desalentadas mediante una disciplina estricta y códigos de pureza. Sin embargo, la práctica de inhalar incienso conlleva sus peligros y puede ser considerado un modo artificial de ascenso hacia los mundos superiores.

Indicativo de que existe un texto alterado u omitido de un pasaje crucial puede verse en el versículo 11, donde los israelitas deben ser censados, y hechos los arreglos financieros para el rescate de un ser humano ante el Señor. Aunque sea correcto estar obligado con el Creador por darnos la vida, la manera en que la idea es presentada se acerca más a la extorsión. Quizá algunos sacerdotes dieron un giro a esos versículos por algún interés propio. En el texto encontramos cuántos *shekels* o siclos debían darse como contribución al Señor, y cómo los pobres tanto como los adinerados debían pagar la misma cantidad, opuesto a lo que conocemos como justicia divina. El párrafo acerca de dicha ley termina diciendo que el dinero será utilizado para la expiación de sus almas y también para el mantenimiento del tabernáculo, una sospechosa justificación para la manutención del sacerdocio. En este punto vemos la adquisición de la riqueza y el poder con el manejo del temor y la culpa de los incautos mediante la manipulación. Este último quizá es un comentario severo, pero un fenómeno común atestiguado en todas las religiones establecidas por el mundo entero.

El texto en *Éxodo 30:17* continúa con la fabricación de la jofaina de bronce, lo que, una vez más, indica cierta edición por parte de los escribas. Se describe el lavatorio de manos y pies de los sacerdotes antes de entrar en la tienda de la Presencia "para evitar que mueran" por estar impuros, lo que tal vez habla de la imperfección del sacerdocio.

En *Éxodo 30:22* el enfoque vuelve a ser una lista de materiales para la confección del aceite de la consagración y cómo debe ser aplicado al tabernáculo, así como cada objeto y utensilio. Lo anterior es el simbolismo del rocío del Cielo que adorna el Lugar de las reuniones. Después de explicar cómo deben ser ungidos Aarón y sus hijos, y cómo el aceite no deberá ser usado con otro propósito, el escriba termina el pasaje con una detallada lista de las especias y cómo convertirlas en incienso para el altar. En ese punto, el conocimiento esotérico se convierte sencillamente en información.

Como reacción y en contraste con lo anterior, de nuevo el texto cambia de carácter al introducir el nombre de un hombre llamado Besaleel, que significa "a la sombra de Dios" (hijo de Uri, que ayudó a Moisés en la batalla contra los amalecitas). Ese israelita, como Dios explica a Moisés, ha sido llenado con el Espíritu divino: *Be Hokhmah uvitevunah,* "con Sabiduría y Entendimiento", *uveDaat* y "tiene Conocimiento". Con ello vemos las *sefirot* superiores en el Árbol. Besaleel deberá ser quien construya el tabernáculo "...de habilidad, pericia y de experiencia..." Su ayudante será Oholiab, que significa "tienda de su padre". En la leyenda popular judía, no sólo se le llama "la sombra de Dios" a Besaleel, sino Reaiah, cuyo nombre quiere decir "contemplad, pues este hombre ha visto a Dios". También es llamado Jahath, "quien tiembla" porque se había asombrado ante la Divinidad; y "el unificador" debido a que su trabajo logró la conexión entre Dios e Israel.

En ocasiones, a la Kabbalah se le llama el trabajo de unificación, y aplicando tal precepto, vemos que el conocimiento de Besaleel excedía, según sabemos, aun a veces el de Moisés. Por ejemplo, conocía la forma correcta y las especificaciones para la lámpara de aceite explicadas por Moisés, quien las había olvidado a pesar de que recibió las instrucciones del diseño en la montaña. De acuerdo con la tradición, Besaleel también conocía la combinación de las veintidós letras del alfabeto hebreo, que propiciaron la Creación. Visto de manera kabbalística, esto significa que Besaleel era un hombre que conocía tanto la práctica como la teoría del mundo de la Creación, por ello se le dio la tarea de llevar a cabo los diseños dados a Moisés.

Esos fragmentos de la ley oral nos dan cierta percepción acerca de los ancianos de Israel, quienes tenían particular conocimiento de la Enseñanza, y desempeñaban un papel bastante separado del sacerdocio y constituían el aspecto interno de la línea espiritual. En el árbol de la comunidad, ocupaban la Fuerza en la derecha, en el pilar de la profecía con Moisés, que completaba el pilar izquierdo de la Forma, lado de Aarón y el sacerdocio.

Visto bajo la perspectiva kabbalística, Besaleel representa el aspecto creativo del ser en un individuo. Como punto focal de la Sabiduría, el Entendimiento y el Conocimiento, el ser es la individualidad que refleja al Creador. En operación igual que la mayoría de los artistas, Besaleel tiene la intuición para saber cómo conducirse y, por tanto, recibe la Gracia que desciende del Conocimiento. Así, la *sefirah* de la Belleza puede construir el tabernáculo interno en un individuo. Tal unificación de los mundos en el ser poco a poco produce los objetos sagrados hasta que el santuario y su atrio son conformados tanto arriba como abajo. Con el tiempo, el tabernáculo interno se convierte en el lugar de reunión entre la Divinidad y el ser humano. En ese punto en el nivel individual comienza la etapa inicial del proceso mediante el cual el Yo y el Tú están frente a frente y Dios empieza a contemplar a Dios. El nombre Besaleel, que también es interpretado como "contemplando la sombra de la deidad", refleja tal principio.

Día de la recreación

Éxodo 31

En la última etapa de la instrucción dada a Moisés en la montaña, el Señor habla del día del reposo o *sabbath*. Ese día es símbolo del sábado original cuando Dios descansó del trabajo después de traer al mundo de la Creación a la existencia. Sin embargo, su contenido es más extenso.

Las escrituras dicen: "Tú habla a los hijos de Israel, y diles: Sobre todo, guardaréis mis sábados; porque es una señal entre mí y vosotros, en vuestras generaciones, para que sepa que YO SOY el SEÑOR que os santifica". Esta declaración no sólo exige reconocimiento del ciclo de la Creación, sino hace de éste una conmemoración semanal en la que los israelitas reconocen a su Creador. La importancia de dicho mandamiento sería corroborada en días posteriores cuando el Templo fue destruido y no existía ya un tabernáculo físico, ya que el *sabbath* siguió celebrándose por todo el mundo incluso en los tiempos más difíciles. Si algo ayudó a que el pueblo de Israel conservara el contacto con su destino fue la observancia de ese mandato.

El *sabbath* es el día del descanso que llega al final de un ciclo relacionado con las cuatro fases de la luna; por tanto, en ese ritmo está incluido el reconocimiento de la interacción entre el Cielo y la Tierra. El reino animal y el de las plantas viven en ese ritmo mensual, mientras progresan a través del año solar. La raza humana, que contiene un nivel vegetal y uno animal en su ser, también debe someterse a esos ciclos. En ese nivel, el *sabbath* provee descanso, recreación y una pausa en el ciclo de trabajo para dedicar tiempo a la reflexión sobre los mundos más elevados y su Creador, así como el detenimiento para ver hacia dentro al universo interior del espíritu. A menudo es en periodos así de quietud cuando percibimos lo que está fuera de nuestro pequeño mundo egoico y su círculo inmediato.

Trabajar fue prohibido en ese día porque: "santo es a vosotros", es decir, es separado con el propósito de ver el "todo". La totalidad es completamente diferente de cualquier otra escala menor. Por ello, la escritura continúa diciendo que: "el que profanare, seguramente morirá", en una traducción rabínica que significa: "Quebrantar una ley cósmica, puede matarte". La palabra no es "debe" ni "así será" sino "seguramente" que la torna una proposición especulativa, porque como el texto continúa: "...pues cualquiera que hiciera algún trabajo en sábado (*sabbath*), será exterminado de en medio de los suyos". Esto quiere decir que la conexión entre el cuerpo, el alma y el espíritu se perderá y la unidad del ser y su desarrollo se verán afectados, si no es que dañados de manera permanente. Cualquier persona que ha trabajado en exceso conoce el estado de enajenamiento en que el cuerpo y la mente, y mucho más el alma y el espíritu, se desorientan. La advertencia de ser extirpado de en medio no es una amenaza sino una observación profunda acerca de aquellas personas que muestran indiferencia ante el ciclo de la Creación y se pierden en el exceso del trabajo y la actividad carente de reflexión. Debemos recordar en este punto que el día previo al *sabbath* siempre caía doble porción de maná, la mitad era guardada para el séptimo día. En ese símbolo está representada la ley de que la Providencia cuida a quien observa la ley. Ciertamente es así para cualquier persona que presta atención a los aspectos más elevados y busca el Reino del Cielo, que en la Kabbalah está en el nivel espiritual del ser. Entonces, como dijo un gran místico judío: "Y todo lo demás se te dará por añadidura".

En el nivel social, el *sabbath* era cuando la familia se reunía. Vestían su ropa más fina y limpia para celebrar el casamiento del *sabbath*, que era visto como la novia en la unión entre el Cielo y la Tierra. Este matrimonio estaba simbolizado por el acto conyugal semanal entre un hombre y su esposa en la víspera del *sabbath*. Para la Kabbalah, dicha unión es una ayuda en la unificación del mundo superior con el inferior porque en la tradición judía el trabajo esotérico no estaba diseñado para escapar de lo mundano, sino para llevar el alma y el espíritu a hacer contacto con el cuerpo para que la Tierra se encuentre con los mundos superiores. Así, con la unión del *sabbath* de Adán con Eva se juntaron el pilar derecho y el izquierdo, así como arriba y abajo, mientras el rostro miraba al rostro en el microcosmos de una relación humana. Ésa es la razón del uso del simbolismo sexual en la literatura kabbalística.

De acuerdo con los rabinos, quienes observan el *sabbath* adquieren un alma adicional. Lo que quiere decir que al cuerpo, a la psique y al espíritu se les agrega un cuarto nivel llamado *hayyah;* es decir, conciencia divina. Se dice que dicho estado dura todo el *sabbath* y otorga a la persona una experiencia de la Gracia. Al final del día, el alma *hayyah* se retira y la persona regresa a su estado normal. Para el individuo que está trabajando en su desarrollo interno, claramente el *sabbath* es un día especial en cuanto a que con la ayuda de *hayyah* su cuerpo, psique y espíritu pueden ser más receptivos a la divinidad que lleva dentro. Al caer la noche, aunque sólo sea por unas cuantas horas más, puede ser capaz de retener el contacto con *hayyah*.

Según la tradición, el *sabbath* es dedicado a la adoración y al estudio. Por lo general, en la sinagoga se pronuncia un sermón y se lee una parte de la *Torah*. Dicha lectura mantiene la Enseñanza entre las personas y el sermón se relaciona con los problemas enfrentados de manera individual y por la comunidad. De acuerdo con las costumbres, las personas dedican la tarde a estudiar los comentarios de los sabios sobre el pasaje de las escrituras que se ve durante la semana. El grado de comprensión depende de la etapa de desarrollo, tanto del maestro como de quienes reciben la instrucción. Por tanto, mientras una escuela podría estar preocupada por un punto fino de la ley, otro grupo podría estar interesado en el significado esotérico del mismo texto. Esa manera de pasar el *sabbath* ha sido observada de generación en generación a lo largo de varios siglos. En tanto que las reglas, prácticas y costumbres externas o exotéricas respecto al *sabbath* fueron refinadas en un código, el trabajo esotérico aportó una riqueza de misterio al día de reposo. Por ejemplo, ese día fue visto como el *Malkhut* o Reino de la semana que contenía todos los días que habían transcurrido antes. También fue visto como el punto crucial de regreso hacia la Corona de la luna nueva, a medida que menguaba y crecía, a lo largo de las cuatro semanas o mundos del mes. El *sabbath* fue considerado tan importante o más que los días santos de las festividades mayores porque había sido ordenado en el Monte Sinaí.

Cuando Dios terminó de dar instrucciones sobre el *sabbath* a Moisés, le fueron entregadas las dos tablas de piedra del testimonio y fue enviado a los mundos inferiores, después de haber estado en la montaña durante cuarenta días y cuarenta noches. En ese tiempo, mucho había sucedido a los israelitas mientras esperaban con impaciencia, apatía y escasa disciplina a que regresara Moisés. En momentos importantes como ése, en el punto crucial de una iniciación, es cuando el individuo es probado, no en sus puntos fuertes, sino donde los demonios del caos tienen acceso fácil.

REVUELTA

Taylor sculp.

Ilustración 36. Regresión. Cuando Moisés descendió del Monte Sinaí se encontró con que algunos de los israelitas habían regresado a la adoración de un toro, símbolo de la corporalidad y la sensualidad. Esa situación provocó su enojo y rompió las Tablas de la Enseñanza porque pensó que los israelitas no merecían recibirlas. Ese retroceso puede ocurrir cuando un maestro está ausente. Por fortuna, los levitas permanecieron leales a Moisés; pueden ser vistos como el equivalente de la conciencia en el individuo (Biblia Banks, siglo XIX).

Deserción

Éxodo 32

El primer versículo de *Éxodo 32* abre con las palabras: "Viendo el pueblo que Moisés tardaba en bajar de la montaña, se congregó en torno a Aarón y le dijo: Anda, haznos dioses que vayan delante de nosotros…"

De acuerdo con la leyenda popular que va en paralelo con las escrituras, el problema comenzó entre la multitud de personas que habían salido de Egipto junto con los israelitas, y que consistían en una variedad de personas que, por distintas razones, querían dejar el estilo de vida que tenían para buscar otro. La promesa de libertad tenía gran atractivo y muchos egipcios dejaron su país con los israelitas para escapar del pasado o para encontrar una nueva clase de futuro. Después de tres meses en el desierto, el entusiasmo del principio y la novedad se gastaron; mientras que los israelitas al menos tenían la meta de regresar a la tierra prometida; los demás, con hábitos y motivaciones inferiores, trataban de recrear un Egipto en ese lugar. Durante la ausencia de Moisés, el liderazgo del pueblo estuvo en las manos de Aarón, quien aún no era un iniciado, además de un grupo de bienintencionados ancianos, pero sin experiencia. La multitud, percibiendo la debilidad en los gobernantes temporales, comenzaron a agitar a los israelitas que ya estaban inquietos para que se apartaran de su alianza en el preciso momento en que era recibida. Aunque la mayoría de los israelitas sabían que lo único que se les pedía era esperar, algunos no tuvieron paciencia por la falta de acción. Una prueba tal a veces es sufrida por quienes están por comprometerse en el camino espiritual. Habiendo dado su promesa, piensan que están preparados para cualquier eventualidad. Cuando nada sucede por un tiempo prolongado, la profundidad de su alianza verbal se pone de manifiesto y su habilidad para seguir instrucciones durante periodos de espera sin guía es puesta a prueba.

En la leyenda judía, Satán, el que pone a prueba junto con Janes y Jambres, dos aprendices del mago Balaam, conjuraron ante los hijos de Israel, que se encontraban en creciente molestia y con dudas, la imagen de un Moisés muerto que flotaba en un féretro entre el Cielo y la Tierra. Tal simbolismo presenta el conocimiento que los escribas tenían de los mundos. La locación precisa y el tamaño del féretro definen, incluso para quienes tienen un leve conocimiento de la teoría kabbalística, que Janes y Jambres operaban en el mundo de la Formación, que yace entre el mundo de la Acción y el de la Creación. Cuando los israelitas vieron ese espejismo cayeron en desesperación: si su líder había desaparecido, ¿qué sería de ellos al encontrarse entre Egipto y Canaán? Tomando ventaja de la situación, Satán aumentó el desorden entre las tribus. En sólo unos días, meses de trabajo fueron destruidos y la incipiente iniciación del Sinaí estaba más que amenazada. Sin una señal de Moisés o de Dios, Satán abiertamente tentó a los israelitas que en ese momento estaban cansados y conmocionados. En un individuo, un ataque satánico tal acontece cuando el cansancio debilita una resolución y sólo un áspero pero sutil empujón es necesario para que el aspirante pierda el rumbo en el camino espiritual. Los dos magos representan a los hechiceros internos, perversos y fantasiosos, que infestan los ejercicios espirituales.

Fue en ese punto que la multitud, ejerciendo su influencia por ser el único grupo con cohesión, comenzó a presionar a Aarón y a los ancianos. Los dos hechiceros, quienes consideraban a Moisés sólo como un mago oponente, utilizaron la fuerza para dirigir la atención del pueblo con el fin de que adorara a los dioses del mundo de la Formación. Hur, el hombre que permaneció al lado de Moisés en la batalla contra los amalecitas, se adelantó y censuró al pueblo por su ingratitud a Dios que había hecho tanto por ellos. Murió instantáneamente en manos de una turba violenta de algunos israelitas y de quienes conformaban la otra multitud, infectados por la exaltación. Habiéndose desecho con tanta facilidad de uno de los líderes, la turba se volvió hacia Aarón, clamando: "Anda, haznos dioses que vayan delante de nosotros o también te mataremos". Aarón, entonces, menos preocupado por su propia vida que en prevenir que la corrupción siguiera adelante, quiso ganar tiempo al consentir en fabricar un dios. De ese modo y para calmar los ánimos, giró instrucciones para la recolección de los ornamentos personales. Aarón esperaba que pensaran dos veces lo que harían antes de fabricar un ídolo.

El significado que esto tiene en un individuo es que, durante la revuelta en contra de una disciplina espiritual, un instructor tratará de desviar la rápida desintegración mediante varias acciones hasta que la persona vuelva a sus cabales. En una situación tal, a un individuo puede prometérsele algún privilegio con la condición de que pague dando algo a cambio. Ésta es la ley de que todo debe pagarse, sea bueno o malo, tarde o temprano. En ocasiones, lo que debe pagarse resulta demasiado costoso para el ego y con frecuencia detiene el proceso destructivo. En la historia, la idea de Aarón detuvo un poco la revuelta, pero no la detuvo del todo, debido a la fuerza tan poderosa del influjo de la energía dispersante. La leyenda continúa relatando la manera en que, al principio, los integrantes de la comunidad pensaron en tomar las joyas de sus mujeres para evitar el costo personal, pero ellas se rehusaron, forzando a los hombres a que entregaran sus ornamentos de valor a Aarón, no sin bastante reticencia de su parte. Esto les ganó algo de tiempo, pero no suficiente, porque Moisés aún permanecía en la cima de la montaña.

Cuando los ornamentos egipcios de oro fueron llevados al foso ardiente, de inmediato se fundieron para formar un becerro. Existen varias explicaciones tradicionales al respecto. El toro, además de ser un símbolo de la vitalidad animal, también es uno de los cuatro animales que aparecen en la Biblia, y simboliza el mundo de la Tierra y la Acción. Sin embargo, en esa situación, la imagen del becerro indica no sólo inmadurez, sino la falta de un contacto con el mundo divino de la Emanación. Como representación física de la adoración de los sentidos del cuerpo, revela una regresión espiritual. Otra interpretación es que cuando Israel cruzó el Mar Rojo, algunos israelitas sintieron la Presencia divina en el Trono-carroza jalada por las cuatro criaturas santas. Sin embargo, sólo el toro del mundo físico fue percibido y, por tanto, los israelitas concluyeron que se trataba de Dios que los sacaba de Egipto. En un individuo, éste es el equivalente al considerar a un maestro físico, un símbolo o a la Tradición como si fuera la Divinidad. El mandamiento "No tendrás otros dioses delante de mí", protege contra dicha tendencia cuando se inicia el trabajo espiritual.

Dice la leyenda que, cuando apareció el becerro dorado, espontáneamente cobró vida, un simbolismo de la combinación de la voluntad y la necesidad del pueblo que se proyectó en esa figura, y así adquirió vida. He aquí el resultado de un fenómeno en masa. Debe observarse que tales dioses, sean individuos u organizaciones, toman un carismático papel o vida por sí mismos al nutrirse de la vitalidad psíquica que se les otorga. Cuando las personas vieron su ídolo o ego masivo infundido con tal poder, los ancianos se vieron forzados a reconocer al becerro como su dios. Varios ancianos se opusieron abiertamente a esa visión ignorante y fueron asesinados. Los doce líderes principales de las tribus, viendo el destino de quienes negaron la voluntad de la turba, se unieron a los ancianos supervivientes y no respondieron al llamamiento de la masa que deseaba confrontarlos. La retirada es, a veces, la mejor opción disponible para un maestro ante un estudiante descontento. La confrontación sólo aumenta el sentido de ser del ego. La multitud, suponiendo que toda autoridad había sido derrotada, procedió a celebrar la victoria, haciendo una orgía alrededor de su ídolo. Varios israelitas permanecieron confundidos o temerosos por tales sucesos, y muchos fueron atraídos a la celebración, sea por una reacción de obstinación ante la estricta disciplina de Moisés o por la apatía acerca de lo que ocurría. Después de unos días, el campamento completo estaba involucrado, de manera que la atención se centró en lo que estaba ocurriendo ahí, olvidándose de lo que sucedía en la cima de la montaña. Una situación tal no es desconocida por quienes, habiendo descartado una disciplina, liberan una reserva de energía psicológica acumulada en una orgía de actos en extremo violentos de autodestrucción. La leyenda dice que una enfermedad virulenta atacó el campamento, como el desordenado crecimiento de un cáncer, y penetró el cuerpo y la psique de los israelitas. Si no hubiera sido detenido a tiempo, todo Israel habría sido destruido.

Conflicto interno

Éxodo 32

En términos de un individuo, el episodio del becerro de oro representa una crisis de gran magnitud. Justo cuando se logra el máximo contacto con la Divinidad, la máxima resistencia es encontrada en la psique que lleva al ser al desorden completo. La iniciación entera se ve en peligro. Éste es un momento de gran avance o de crisis en el trabajo espiritual; cuando un individuo se da cuenta de lo que implica el compromiso, la intención verdadera y la motivación se ponen a prueba. Tales momentos son aprovechados por Satán, el lado oscuro de la psique, para explotar las debilidades y destruir cualquier unidad que haya sido adquirida en el ser. La duda, las discusiones y los miedos irracionales son confrontados de manera violenta por la fe, el conocimiento y el valor, como si fueran las facciones de resistencia y de avance que contienden dentro de la psique. Los elementos más salvajes perturban al inconsciente y aterrorizan al Fundamento de la psique, que se convierte en una mesa de debate de cada pensamiento, sentimiento y acción disidente. Cuando el ego se percata de que está por perder su papel dominante, se infla hasta alcanzar las proporciones de un dios. Éste es el becerro de oro fabricado para poder competir y derrotar a lo que se halla en las profundidades de la psique y que no puede ser comprendido por el ego.

En las escrituras, Aarón dice al pueblo que danza alrededor del ídolo si ése era el dios que los sacó de la tierra de Egipto.

בְּרֵאשִׁ ית
GENESIS.

CHAPTER I. א

1. En el principio	בְּרֵאשִׁית
Dios creó	בָּרָא אֱלֹהִים
los cielos	אֵת הַשָּׁמַיִם
y la tierra.	וְאֵת הָאָרֶץ :
2. Y la tierra	2. וְהָאָרֶץ
estaba	הָיְתָה
desordenada	תֹהוּ
y vacía,	וָבֹהוּ
y las tinieblas estaban	וְחֹשֶׁךְ
sobre la faz del abismo,	עַל פְּנֵי תְהוֹם
y el Espíritu de Dios	וְרוּחַ אֱלֹהִים
se movía	מְרַחֶפֶת
sobre la faz de las aguas.	עַל פְּנֵי הַמָּיִם :
3. Y dijo Dios:	3. וַיֹּאמֶר אֱלֹהִים
Sea la luz;	יְהִי אוֹר
y fue la luz.	וַיְהִי אוֹר :
4. Y vio Dios	4. וַיַּרְא אֱלֹהִים
que la luz	אֶת הָאוֹר
era buena;	כִּי טוֹב
y separó Dios	וַיַּבְדֵּל אֱלֹהִים
la luz	בֵּין הָאוֹר
de las tinieblas.	וּבֵין הַחֹשֶׁךְ
5. Y llamó Dios	5. וַיִּקְרָא אֱלֹהִים
a la luz	לָאוֹר
Día,	יוֹם
y a las tinieblas	וְלַחֹשֶׁךְ
llamó	קָרָא
Noche.	לָיְלָה
Y fue la tarde	וַיְהִי עֶרֶב
y la mañana	וַיְהִי בֹקֶר
un día.	יוֹם אֶחָד :
6. Luego dijo Dios:	6. וַיֹּאמֶר אֱלֹהִים
Haya	יְהִי
expansión	רָקִיעַ
en medio de las aguas,	בְּתוֹךְ הַמָּיִם
y separe	וִיהִי מַבְדִּיל
las aguas de las aguas.	בֵּין מַיִם לָמָיִם :
7. E hizo Dios	7. וַיַּעַשׂ אֱלֹהִים
la expansión	אֶת הָרָקִיעַ
y separó	וַיַּבְדֵּל
las aguas	בֵּין הַמַּיִם
que estaban debajo de la expansión,	אֲשֶׁר מִתַּחַת לָרָקִיעַ
de las aguas que estaban	וּבֵין הַמַּיִם
sobre la expansión.	אֲשֶׁר מֵעַל לָרָקִיעַ
Y fue así.	וַיְהִי כֵן :
8. Y llamó Dios	8. וַיִּקְרָא אֱלֹהִים
a la expansión	לָרָקִיעַ
Cielos.	שָׁמָיִם
Y fue la tarde	וַיְהִי עֶרֶב
y la mañana	וַיְהִי בֹקֶר
el segundo día.	יוֹם שֵׁנִי :
9. Dijo también Dios:	9. וַיֹּאמֶר אֱלֹהִים
Júntense las aguas	יִקָּווּ הַמַּיִם
que están debajo de los cielos	מִתַּחַת הַשָּׁמַיִם
en un lugar	אֶל מָקוֹם אֶחָד
y descúbrase lo seco.	וְתֵרָאֶה הַיַּבָּשָׁה
Y fue así.	וַיְהִי כֵן :
10. Y llamó Dios	10. וַיִּקְרָא אֱלֹהִים
a lo seco	לַיַּבָּשָׁה
Tierra,	אֶרֶץ
y a la reunión de las aguas	וּלְמִקְוֵה הַמַּיִם
llamó Mares.	קָרָא יַמִּים
Y vio Dios	וַיַּרְא אֱלֹהִים
que era bueno.	כִּי טוֹב :

Ilustración 37. Pentateuco. La Biblia llegaría a ser crucial para la generación de las tres religiones monoteístas. Las historias, símbolos e instrucción que el contexto aporta acerca de los antecedentes judíos son reconocibles en términos de la realidad diaria. Las personas podían identificarse con los personajes, los problemas familiares, así como con las situaciones políticas, lo que permitía recibir de manera entendible la Enseñanza acerca de la moralidad, el universo y el Todopoderoso.

Se trata de una pregunta retórica al estilo judío. (En lenguaje moderno sería: "deben estar bromeando".) En ese momento, Moisés que se encuentra en la montaña es informado por la Divinidad: "Anda, baja; pues tu pueblo... se ha pervertido. Pronto se han apartado del camino que yo les había prescrito".

Hay una larga pausa, incluida en una de las traducciones de la Biblia: "He visto lo que es este pueblo, y por cierto que es un pueblo de dura cerviz", lo que significa que son rígidos, tercos e incapaces de cambiar sus costumbres antiguas. A partir de ese punto, el lado severo de la deidad se manifiesta en las palabras: "Ahora, pues, déjame que se encienda mi ira contra ellos, y los extermine". A primera vista parece que la situación está lejos de tener solución. El texto sugiere que sería mejor disolver toda la operación, destruir la corrupción y comenzar de nuevo, aun si la muerte fuera la única salida para una situación intolerable. Esto está implícito en un ofrecimiento hecho a Moisés, quien representa la parte más evolucionada de Israel, es decir, aquello que sobrevive a la muerte física y vuelve a aparecer con un nuevo nacimiento. Dios dice a Moisés: "...y de ti yo haré una gran nación". Esas palabras también fueron dichas a Abraham, lo cual señala una línea completamente nueva. Sin embargo, la ira y desesperación de Dios, de acuerdo con la leyenda popular, es una farsa, porque la Divinidad había anticipado la deserción del pueblo. El suceso fue una lección importante para mostrar lo que ocurre cuando una nación o persona se aleja del camino espiritual. El ofrecimiento fue hecho a Moisés para ver cómo reaccionaba. Tales pruebas no son desconocidas entre los mentores humanos para probar la integridad de un discípulo. Una situación artificial en la que se apela a la vanidad del estudiante puede en ocasiones revelar el alarde del espíritu, que es bastante más peligroso que cualquier orgullo psicológico o arrogancia física.

Pero Moisés recordó a Dios la promesa dada a los patriarcas cuando él, dice la leyenda, se percató de que los ángeles estaban preparados para atacarlo en caso de que cayera de la gracia. Debido a su respuesta, Abraham, Isaac y Jacob o los arquetipos del alma, vinieron a ayudarlo mientras se aferraba al trono del Cielo, o sea, su estado espiritual elevado. Dios apareció para calmar a Moisés y escuchar su argumento de que los habitantes de la Tierra dirían, si los israelitas fuesen destruidos, que toda la operación no tenía relevancia espiritual. Entonces la raza humana entera creería que el propósito no estaría en ser liberado de la esclavitud de los mundos inferiores, y nadie, nunca más, ni siquiera los sabios o los esperanzados, volverían a buscar el jardín del Edén y el Cielo. En este punto, la Divinidad aparece para alejar el rostro de la Severidad y, de hecho, el texto de *Éxodo 33:14* habla del arrepentimiento de YAHVEH (aspecto Misericordioso) del mal previsto para su pueblo. El término "pueblo tuyo", referido a Moisés, se revierte a medida que los israelitas, para bien o para mal, son aceptados una vez más por Dios para ser el ejemplo viviente de la ley divina en acción para toda la humanidad. Habiendo obtenido clemencia para los israelitas, Moisés "volvió y bajó de la montaña" con las tablas del Testimonio en la mano. Nótese la palabra "volvió". Quien ha tenido una experiencia interna reconocerá ese instante de rotación antes de regresar a los mundos inferiores.

En su descenso, Moisés se encontró a Josué, que había estado esperando todo el tiempo justo abajo, y juntos descendieron del plano del espíritu y al mundo psicológico donde se detuvieron por encima y a cierta distancia del plano físico del campamento. Josué, que no sabía lo que Moisés, interpretó el barullo de abajo como gritos de guerra, pero Moisés le informó lo que sucedía mientras se acercaban al nivel de la tierra. A Josué, que esperó obedientemente entre el mundo superior y el inferior, le había sido concedido un estatus especial durante el tiempo que estuvo en la montaña, aunque eso evitó su contacto con los sucesos de arriba y los de abajo. La leyenda dice que en este punto Moisés volvió cuando percibió la realidad física de lo que había ocurrido, pero los setenta ancianos lo alcanzaron y tomaron las tablas maravillosas. Mientras escapaba milagrosamente, vio las palabras divinas desaparecer de las tablas, volviéndose tan pesadas que cayeron a la tierra y se rompieron.

Cuando Moisés, enojado y consternado, caminó hacia el campamento y vio al pueblo en jolgorio por el becerro de oro, sabía que Dios le había dado la tarea de aplicar el juicio. Nada sería suficiente más que excluir todos los elementos corruptos de la comunidad, para que el pueblo como una unidad pudiera tener otra oportunidad de redimirse. Para el individuo, significa que no sólo es responsable de sus actos y ha de lidiar con ellos, sino que por más desastrosa que parezca, ninguna situación es desesperanzadora. Ciertamente Dios es misericordioso.

Justicia y misericordia

Éxodo 32

De acuerdo con la perspectiva rabínica, el episodio del becerro dorado es tan grave como el pecado de Adán, y su consecuencia mucho mayor para los israelitas a lo largo de las generaciones. También a lo largo de los siglos ha existido bastante discusión acerca del incidente, y pese a la conducta de la multitud, a la influencia de los dos magos egipcios y la inteligencia de Satán, la responsabilidad siempre ha recaído sobre los israelitas por haber abrigado la indisciplina y la corrupción. Este sentido de Juicio explica la severidad asociada con las leyes judías. Sin embargo, el temor a las consecuencias no siempre era suficiente para refrenarse, y los israelitas olvidaron varias veces su deserción y la lección sólo para sufrir en ocasiones subsecuentes, igual que un individuo que, repetidamente, ignora la ley espiritual.

Este primer acto de *teshuvah* o regreso que Moisés llevó a cabo fue la quema del becerro dorado. Pensemos que el fuego es el elemento divino y, por tanto, la forma y sustancia del becerro se disolvieron de nuevo a su estado primitivo. Las cenizas después fueron molidas hasta convertirlas en un polvo muy fino y diseminado en el agua, que los hijos de Israel luego fueron obligados a beber. El agua es el elemento de la Formación o la psique y, por tanto, los israelitas debían digerir psicológicamente lo que habían creado, formado y hecho, de modo que no olvidaran su acción de idolatría. De acuerdo con la tradición, quienes se negaron a adorar al becerro de oro murieron al beber esa agua: su sistema no pudo resistir cuando el proceso de limpieza comenzó a funcionar en sus organismos. Visto en un individuo, una resistencia psicológica deshonesta a lo que pudiera considerarse una forma de psicoterapia puede ahogar, a base de mentiras, la posibilidad de arrepentirse y, por tanto, minar la vitalidad de la psique. Esto puede significar el cese del crecimiento de esa vida.

Después de ese incidente, Moisés se dirigió a Aarón y lo interrogó detenidamente para saber las razones que lo condujeron a permitir la fabricación del becerro. Aarón explicó cómo las personas se encontraban ansiosas de que hubiera alguna acción porque se aburrían al estar esperando. Los más inquietos se le habían acercado para pedirle que hiciera un dios que los guiara porque Moisés ya no estaba entre ellos. Aarón le refirió el modo en que trató de disuadirlos de tal acción, pidiéndoles los ornamentos y esperando que Moisés regresara a tiempo. Esto había retrasado los eventos, pero al final resultó inútil detener la confección del becerro, pese a que trató de generar un sentido de vergüenza en ellos. Sin embargo, su intento tuvo el efecto contrario y entonces todo se volvió perverso. Moisés lo escuchó y luego emitió el siguiente edicto para los israelitas: "¡A mí los que están por el Señor! Y acudieron a él todos los hijos de Leví", a quienes nombró jueces por su responsabilidad.

En un nivel individual, vemos aquí el autoanálisis después de una orgía de indisciplina y disipación. El cuestionamiento a los elementos responsables de la psique ayuda a identificar las causas del problema. Cuando éstos han sido localizados, deben ser severamente atendidos o el equilibrio y salud de la psique completa será amenazada. Esto lo hace la *sefirah* del Juicio en la psique, representada por los levitas designados, quienes llevaron a cabo el castigo de Israel.

En la acción descrita, las escrituras relatan la muerte entre hermanos y entre vecinos, es decir, los aspectos interrelacionados de la psique que han causado el problema, como ciertas actitudes de negación, nacidas a partir de sentimientos y pensamientos destructivos. En esta operación, los levitas actuaron como ejecutores de la Severidad bajo obediencia, disciplina y lealtad a la causa de Moisés, el único factor dentro de la situación que percibe lo que debe hacerse de manera objetiva y sin dudar. Ésa es la cualidad de *Tiferet*, el asiento de Salomón. Visto en la historia, la muerte de tres mil personas parece brutal e intransigente, pero debemos recordar que el acontecimiento es tanto una crisis dentro de una nación como el punto decisivo de evolución en un individuo. En situaciones peligrosas como ésas, el único camino es alterar el curso de la autodestrucción y desbloquear el flujo del progreso impedido por hábitos que se resisten al cambio. Cuando se tiene una percepción amplia, la severa aplicación de la disciplina (otra cualidad del Juicio) puede equilibrar una misericordia excesiva o tolerancia hacia el mal y el caos, que pueden destruir todo lo que se ha logrado, incluso causar la muerte. Cuando son confrontadas con un hábito nocivo, como el exceso en las bebidas alcohólicas, muchas personas aceptan un régimen de abstinencia como el único modo para evitar el resultado de convertirse en alcohólicas. En asuntos espirituales, la disciplina es más profunda y más rigurosa porque las consecuencias de un delito menor pueden afectar varias vidas.

En este punto quizá sea recomendable considerar el entendimiento bíblico acerca de la Justicia y la Misericordia. Aunque el Viejo Testamento contiene bastante violencia, debe recordarse que su fundamento es la historia de un pueblo que, como los norteamericanos, luchó contra habitantes nativos y entre sí. Sin embargo, por su dimensión espiritual, los conflictos resumen la lucha entre el bien y el mal dentro, así como entre individuos y naciones; ciertamente a veces son llamadas las guerras del Señor pese a que nos parezcan una barbarie. Sin embargo, con respecto a la Misericordia existe un contraste con esos episodios de severidad tanto en el Viejo Testamento como en los comentarios del *Talmud*. Consideremos el perdón que José otorgó a sus hermanos y la relación de David con Saúl. Más aún, pese al mandato ojo por ojo, en la antigüedad pocas personas fueron ejecutadas por la justicia rabínica sin evidencia concluyente. La presencia de la Sabiduría, el Entendimiento, el Conocimiento y la Misericordia ciertamente se deduce en casi todo el material de la Biblia. De hecho, nunca habría sido aceptada como sagrada si no contuviera el elemento del Amor para equilibrar a la Justicia. Los veintitrés Salmos ilustran el punto con exactitud.

Desde el punto de vista kabbalístico, lo que quizá al principio pueda verse como Severidad, con el tiempo invariablemente se convertirá en un acto de la Misericordia, conforme cada cualidad es equilibrada por la otra, cuando se percibe en términos del árbol sefirótico. Por tanto, aunque un ser humano cause aflicción a otro, ambos recibirán su recompensa y su castigo, si no de manera inmediata, después sí, quizá en su siguiente vida, cuando sus posiciones sean revertidas para darles la oportunidad de resolver su problema. De la Justicia proviene la Misericordia.

La lección del becerro de oro no iba a ser desperdiciada. El día después de la matanza Moisés dijo: "Habéis cometido un gran pecado; pero ahora voy a subir al Señor y quizá os consiga el perdón de vuestro pecado". Moisés se alejó de un pueblo arrepentido que esperaba abajo cavilando acerca de su situación, mientras él ascendía una vez más hacia el lugar de Dios.

Consecuencias

Éxodo 32-3

"Volvió entonces Moisés a *YAHVEH*..." Esta sencilla oración tiene implicaciones importantes. Habla de la preferencia dada a Moisés pese a que había sido retirada a los hijos de Israel. Tal accesibilidad a la Divinidad es inusual y ocurre sólo en situaciones externas muy especiales o debido a un desarrollo interno extraordinario. De acuerdo con la tradición oral, había sólo siete hombres justos en Israel en ese tiempo, quienes eran merecedores de acercarse a los mundos superiores. Éstos eran Moisés, Aarón y sus dos hijos, Eleazar, Itamar, su nieto Pinhas, Josué y Caleb. Entre ellos, sólo Moisés tuvo la capacidad de tener contacto directo con la Divinidad. Si vemos la analogía con una persona, esos hombres justos podrían ser percibidos como las partes de la psique que han alcanzado cierto grado de pureza. Como grupo están relacionados por la familia o por vínculos de lealtad, lo cual puede percibirse como la integración de un centro estable en medio de las luchas turbulentas en el campamento de la psique.

Luego Moisés, que había subido a la montaña santa con los sabios, hizo que se quedaran abajo mientras él subía al lugar donde los tres mundos superiores se intercalan. Ahí dijo a Dios: "Ciertamente este pueblo ha cometido un grave pecado, al fabricarse dioses de oro". O sea, han (la palabra en hebreo para pecado significa) "errado el blanco" y adorado a la imagen material de la Existencia. Ésa es la situación para quienes

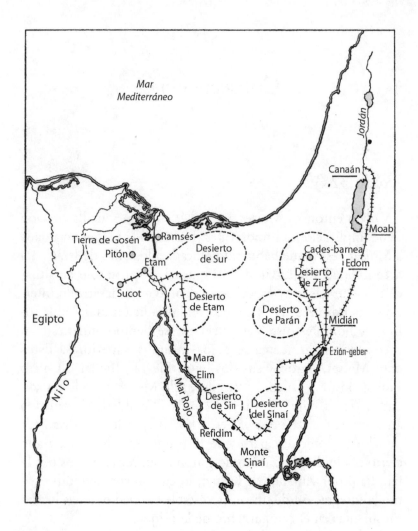

Ilustración 38. Lugares. Los nombres de los sitios donde acamparon los israelitas resultan significativos; por ejemplo, el nombre *Etam* quiere decir "desolación", mientras que *Refidim* puede traducirse como "descanso", etapas reconocibles para quienes se hallan en el Sendero. La palabra Sinaí significa "acantilado" o "nivel superior", mientras que *Ezión-geber* puede ser interpretado como "columna vertebral". Todo ello sugiere que los israelitas habían desarrollado una identidad colectiva firme, es decir, eran ya un pueblo unido.

están dominados por la perspectiva sensorial del Universo, que da como resultado la apreciación más baja de la realidad basada únicamente en un punto de vista egocéntrico. Por ejemplo, una devoción profunda por las posesiones físicas o la veneración por el estatus mundano es, para la mayoría de las personas, la extensión y la proyección del amor del ego, o su propio becerro de oro. Para la persona interesada en desarrollar su alma, tales preocupaciones selectivas excluyen cualquier posibilidad de evolución espiritual. El pecado es particularmente malo para quien, igual que los israelitas, le ha sido mostrado el camino pero decide, como ellos, dar la espalda a la alianza. Es, debe hacerse énfasis de nuevo, volverse ignorante en el sentido completo de ignorar lo que nos fue puesto enfrente. Ciertamente es un gran pecado pecar.

Luego Moisés dijo: "Pero, ¡si quisieras perdonar su pecado! y si no, bórrame del libro que tienes escrito". Hay una enseñanza oral interesante sobre ese versículo. De acuerdo con la tradición, ante el trono de la Gloria hay un libro de la vida y un libro de la muerte. En ellos están inscritos todos los hechos de las criaturas en la Existencia, en especial aquellas de la raza humana que, teniendo libre albedrío, pueden elegir el bien o el mal. Al comienzo de cada año nuevo, esos dos libros son abiertos durante diez días para la consideración de quién vivirá y quién morirá en los siguientes doce meses. Ese proceso de Juicio y Misericordia es continuo a lo largo del tiempo hasta el fin de los días cuando la actuación total sea evaluada en el último día; cuando toda criatura de todos los mundos llega ante el Señor para presentar su reporte de cómo cumplió la misión para la que fue creada, para que Dios pudiera contemplar a Dios.

La respuesta de la Divinidad a la pregunta de Moisés es: "Borraré de mi libro a quien ha pecado contra mí". En su respuesta está la enseñanza sobre la oposición directa a la voluntad de Dios. Es el pecado de una persona que sabe lo que está haciendo en oposición a una persona que aún se encuentra en un estado de inocencia. El alma no desarrollada actúa ciegamente sin experiencia o conocimiento y, por tanto, no es totalmente responsable. Pero el individuo que peca contra Dios es considerado responsable por sus acciones porque ha alcanzado cierto nivel de madurez espiritual y, por tanto, es aplicado un Juicio bastante más estricto. Ser borrado del libro de la vida es la sentencia más severa como castigo por la rebelión más violenta.

Sin embargo, el capítulo termina con una mezcla de Misericordia y de Justicia. A Moisés se le dice que conduzca al pueblo a la Tierra Prometida. "Pero los castigaré por su pecado", dice el Señor, "el día de mi visita". La palabra "visita" es usada en el hebreo original y no "castigo, lo que significa que se elige un momento para enseñar a los israelitas una lección sobre su deserción. Cualquier persona que ha practicado una disciplina espiritual ha tenido una experiencia kármica tal. Pero habría que añadir que nunca es aplicada sin Misericordia, porque en el momento en que la lección es aprendida la severidad cesa. La operación de Justicia y Misericordia no es destruir sino corregir el equilibrio, educar al alma, enseñar la ley cósmica y revelar la Gracia divina. Una regla es que si un individuo reconoce su falta y se arrepiente, entonces las leyes de recompensa y castigo serán ajustadas por el Santo que perdona a todos los que se dirigen a la Divinidad.

El capítulo siguiente inicia con la afirmación de la intención de Dios respecto a Israel, en respuesta a su arrepentimiento. Además de la promesa de la tierra de leche y miel y del envío del ángel delante de ellos que alejará a sus enemigos, está el hecho de que la Presencia santa no estará más con ellos. Esa degradación simbólica es establecida en la leyenda bíblica, que relata cómo en el primer día de revelación, los israelitas recibieron armas con los nombres grabados de Dios y togas color púrpura. Las vestiduras color púrpura o una psique desarrollada representan el dominio sobre el mundo de la Formación, mientras que las armas son instrumentos de control en ese mundo. Más tarde, los ocultistas imitarían esos símbolos en armas y togas mágicas. Debido a la deserción de los israelitas durante su iniciación, dichos poderes concedidos por la Gracia fueron retirados por los ángeles.

Tales destrezas psíquicas como la clariaudiencia pueden adquirirse mediante un trabajo arduo sobre los centros superiores de la psique y ser cultivados deliberadamente por ciertos ocultistas. Sin embargo, para el aspirante espiritual, son desarrollados de manera natural, conforme la psique se va refinando y sensibilizando. Dichas facultades incluyen la sanación, la proyección de la conciencia hacia otros lugares para escuchar o ver sucesos lejanos, así como las visiones internas y la anticipación de acontecimientos futuros. En el trabajo de la Kabbalah, tales dones son considerados la forma normal de percibir los mundos superiores más sutiles. No deben ser utilizados para la manipulación de lo oculto o de la magia de los que se encuentran por debajo. De hecho, en el *Talmud* los rabinos dicen: "Aquel que practica la magia no entrará al Cielo". Eso quiere decir que una persona que se dedica a operar en el mundo de la Formación estará atrapada ahí por la fascinación de la magia y no avanzará al mundo del Espíritu; lo cual no es un fenómeno poco común en los niveles inferiores del trabajo espiritual. Como refiere la leyenda bíblica, las togas y las armas fueron retiradas a los israelitas porque ya no eran confiables; lo mismo ocurre con los individuos que abusan de una posición superior.

Como resultado de que la presencia de Dios se apartara de ellos, los israelitas entraron en un estado de profundo duelo. Sufrieron un desmayo por las palabras divinas: "No subiré yo en medio de ti, porque eres un pueblo de dura cerviz; no sea que acabe contigo por el camino". Ciertamente la profundidad de su arrepentimiento, reportado por la leyenda, hizo que desecharan los ornamentos que habían adquirido en Egipto. Mediante dicho acto, el ego renunció a lo que le había sido dado por los mundos inferiores y que había sido utilizado por la vanidad personal; no los usaron más en el desierto. Ése fue el inicio del proceso de purificación mientras esperaban escuchar lo que la Divinidad haría con ellos. Luego que Moisés descendió de la montaña, se apartó de los israelitas, y alzó una tienda fuera del campamento, como símbolo de que había ocurrido la separación y el retiro de la Gracia. Los israelitas sabían que esa tienda era el único lugar en la Tierra donde la Divinidad moraría porque, para cada uno, está escrito, vería desde su puerta la nube del Espíritu Santo descender sobre la tienda de reunión como llegó a ser llamada. Ahí Moisés habló con Dios "como un hombre habla con su amigo".

Experiencia

Iluminación

Éxodo 33

Las conversaciones entre Dios y Moisés en la tienda de reunión fuera del campamento pueden ser una metáfora del diálogo interno de un individuo entre el Tú y el Yo. El nivel en que sucede sería en el ser, donde se entrelazan los tres mundos inferiores, y el lugar donde se entrelazan los tres superiores. Dicha posición es el centro exacto en la Escalera de Jacob que actúa tanto como el Conocimiento de la psique como el Fundamento del espíritu. Ese sitio también está asociado con el arcángel Gabriel que es el anunciador. Asimismo, es el lugar del Espíritu Santo conforme se manifiesta en la psique. La relevancia kabbalística de tal posición es porque faculta al ser humano a escuchar, incluso a ver, los mundos superiores, aun estando encarnado. Más aún, facilita la comunicación con la Divinidad en la Corona de la psique. Por tanto, fue posible que Moisés conversara con Dios mientras se encontraba en el nivel de los mundos inferiores.

La tienda de reunión se convirtió también en el sitio donde los hijos de Israel llegaban a ver a Moisés para un consejo y para que intercediera a su favor; ahí, más allá de la frontera de la vida mundana en el campamento, había un espacio sagrado donde su maestro podía entrar en contacto con la Divinidad para pedir y hacer alabanzas en su nombre. Es posible ver el paralelo con un individuo, tal como el ego percibe al alma en desarrollo ascender para entrar en conversación individual en la que no puede participar directamente. Por experiencia sabemos que tales diálogos a veces ocurren dentro del inconsciente, aunque en ocasiones el ego percibe algo de lo que está sucediendo por la paz o por disturbios precipitados debido a cambios internos. Durante el tiempo en que Moisés no estaba en la tienda, Josué, su joven asistente, quedaba de vigía, como lo había hecho en la montaña. Estaba siendo entrenado por Moisés para ser su sucesor. Lo mismo ocurre en el individuo cuando espera que el aspecto espiritual de su ser que no tiene experiencia sea un vigía atento.

"Moisés dijo al Señor" (*Éxodo 33:12*): "Mira, tú me dices: Haz subir a este pueblo. Pero no me has dado a conocer al que enviarás conmigo. Y sin embargo, me dijiste: Yo te conozco por tu nombre, y has hallado gracia a mis ojos. Ahora pues, si he hallado gracia a tus ojos, enséñame tu camino para que yo te conozca..." Esta doble petición es reveladora del proceso en la instrucción espiritual. La primera es acerca de una guía. Si el Señor no acompaña al pueblo, ¿quién, entonces, lo ayudará? Es obvio que Moisés no se ve a sí mismo como un guía porque, como está citado en la Biblia, él es un hombre modesto o porque, aunque es capaz de hacer revelaciones proféticas, aún no está seguro de su conocimiento interno; pese a que es líder de su pueblo, sólo puede asumir el lugar del ser, pero no conservarlo como un estado permanente. Esto también simboliza el papel de cualquier maestro como sustituto del ser del discípulo hasta que Jacob, como discípulo, o ser psicológico, sea transformado en Israel, el ser espiritual, después representado por Josué.

La segunda petición se relaciona con ser conocido por Dios. Ser conocido por nombre significa ser reconocido individualmente, y según clama Moisés, por tal privilegio, le serán mostradas las maneras más íntimas en que podría llegar a conocer a Dios. En respuesta a la pregunta: ¿Quién guiará al pueblo?, el Señor responde: "Iré yo mismo y te daré descanso". Pero Moisés no está seguro de lo que eso significa, porque el Señor ha dicho que no viajará con el pueblo, y entonces pide una aclaración, diciendo: "¿En qué se conocerá que he hallado gracia a tus ojos, yo y tu pueblo, sino en que tú vienes con nosotros?" En ese momento, Moisés busca la Misericordia de Dios para que los israelitas y todo el mundo puedan captarla. Pero el Señor, indicando la diferencia de los caminos divinos, evita dar una respuesta directa y sólo habla para Moisés al repetir que es conocido por nombre. He aquí cómo se imparte la cadena de la enseñanza esotérica. La Divinidad instruye al maestro o psique superior que transmite el conocimiento en una forma inteligible a quienes se hallan abajo en la conciencia ordinaria.

La leyenda bíblica dice que la siguiente etapa de instrucción para Moisés fue mostrarle los tesoros guardados para quienes se conducen con integridad y caritativamente, es decir, con Justicia y Misericordia. También vio que dichas recompensas estaban destinadas para quienes fallaban en su misión tanto como para quienes cumplían con su tarea. Esto confundía a Moisés, hasta que le fue recordado que los caminos de la Divinidad no son los del ser humano. El Señor confiere gracia a quien desea. El Señor, percibiendo la perplejidad de Moisés, demostró cómo a veces la apariencia de una recompensa o un castigo pueden confundir al ojo poco perceptivo, como Moisés, a quien fue mostrado un incidente de la vida real mediante una visión de clarividencia. Un hombre había muerto sin razón aparente, hasta que fue revelado que la muerte era resultado de un crimen previo. En consecuencia, la propiedad del muerto le fue restaurada a su dueño original, de quien había sido robada. Por tanto, mediante una cadena de sucesos sin conexión aparente, la Justicia y la Misericordia lograron un equilibrio en el mundo.

Moisés no sólo vio las leyes de recompensa y castigo en operación, sino que, según la leyenda, se le permitió tener un atisbo del futuro donde pudo ver a cada generación y a sus líderes espirituales. Esto le mostró la manera en que el mundo es gobernado, no por el poder físico o el poder de la voluntad psicológica, sino por fuerzas espirituales y cósmicas que operaban de acuerdo con la vigilancia celestial de la Providencia, a menos que la Divinidad eligiera intervenir. Mediante un acto tal, fue revelado que, si oraban por obtener misericordia, la Divinidad concedería la Gracia incluso a quienes no la merecían, por haber reconocido su estupidez.

Al final de esa lección, Moisés pide que se le muestre la Gloria divina. En términos kabbalísticos, era su deseo ver el mundo de la Emanación sin el velo de los mundos inferiores. La respuesta fue que no se le permitiría ver la Luz divina directamente porque podría destruir su recién adquirida individualidad. Sólo quienes están preparados para sacrificar su sentido del ser en la presencia de la Eternidad, podían ser considerados listos para esa etapa de unión. "...pues el hombre no puede verme y seguir después con vida." Además, Moisés debía continuar su trabajo en la Tierra. Sin embargo, se le otorgaría una visión oblicua de la Gloria al ser situado en una hendidura de la roca. La palabra *hatsur* está utilizada en el texto, y en términos kabbalísticos es la legendaria roca de la *shetiyah*, "piedra angular del mundo". Además de ser la almohada de Jacob, es la roca lanzada por el Creador en el abismo al principio de la Creación para que fuera la conexión entre la Divinidad y los mundos inferiores. Moisés sería puesto dentro de esa roca, que formaría, de acuerdo con la leyenda, la base del Templo de Salomón. Desde dicha hendidura de la roca pudo ver la parte de atrás de la Gloria de Dios.

Esclarecimiento

Éxodo 34

Antes de subir a la montaña santa, a Moisés se le pide que corte dos tablas de piedra como las primeras que se habían roto. Esas tablas hechas por un humano reemplazarían las creadas por la Divinidad. Aquí vemos la enseñanza acerca de la Gracia y el Mérito mediante los cuales la voluntad de Dios desciende para encontrarse y fusionarse con el trabajo del ser humano que se eleva desde abajo. "Prepárate para mañana", se le dice a Moisés, "de madrugada subirás". En términos kabbalísticos se trata de esa parte del día en que predomina la Misericordia, la energía y el amor, en oposición a la noche que es tiempo de la Justicia, la reflexión y la forma. "...de madrugada subirás al monte de Sinaí, y esperarás en la cima del monte." Después sigue la instrucción de que ninguna otra criatura debe estar en la montaña.

En la Kabbalah, el ascenso a la montaña santa es llevado a cabo en dos fases principales. La primera son las siete etapas llamadas los siete vestíbulos inferiores. Éstos son los niveles psicológicos que corresponden con el mundo angélico de la Formación. Se trata de salir del cuerpo, a través del ego, más allá de los pensamientos, sentimientos y la acción hacia un estado de despertar antes de pasar al nivel del alma que conduce al nivel del espíritu y el contacto con lo divino. La segunda etapa comienza en el punto transitorio del ser donde el alma lleva al aspirante hacia arriba por los siete grandes vestíbulos espirituales de Devoción, Pureza, Sinceridad, con Dios, Santidad, Santificación y en la Presencia, donde, de acuerdo con la tradición, Moisés entró en la hendidura de la roca en la cima de la montaña. (Se trata de la misma cueva donde Elías estaría cuando la Gloria de la Divinidad se le revelara.) A medida que ascendió a través de los mundos, a Moisés le fue mostrada de nuevo toda la jerarquía de ángeles y arcángeles. ¿Por qué, protestaron, nosotros que servimos a la Divinidad día y noche no se nos permite ver la Gloria de *Azilut*? Debido a esa hostilidad, Moisés tuvo que ser protegido de los seres celestiales que sentían recelo de cualquier criatura de la tierra que estuviera más favorecida que ellos. Esto nos dice que en cualquier ascenso por los mundos superiores está involucrado un gran peligro porque la persona pasa por diversas pruebas al encontrarse con los arquetipos psicológicos y cósmicos. En la literatura kabbalística hay varios libros que tratan sobre esos niveles y sus guardianes angélicos. A menudo se repite la regla de que ningún humano puede pasar frente a esas criaturas celestiales si no se es igual o más que ellas. Lo anterior es aplicable tanto de manera externa como interna, y evita que cualquier intruso incauto sea destrozado en esos mundos por fuerzas psicológicas y espirituales masivas. Además salvaguarda contra cualquier abuso de quienes tratan de jugar con tales energías psíquicas y cósmicas. En ocasiones, ciertos individuos destrozados psicológica y espiritualmente se encuentran ahí; los dos hijos de Aarón que mueren en el santuario ilustran tal punto. Cuando llegó el momento en que Moisés vería la Gloria, es como si Dios le hubiera dicho: Cuando me revelé a ti en la zarza ardiente, no deseabas mirar hacia Mí; ahora estás dispuesto pero Yo no. Aquí se halla la afirmación de que para cada individuo hay un instante en la vida cuando puede ver la Gloria sin peligro alguno. Con frecuencia, tales actos de Gracia llegan en momentos críticos de la vida, haciendo que la persona cambie por completo su actitud hacia la existencia.

Como dice la Biblia, mientras la nube de la Creación descendía sobre la roca: *Vayityatsav imo sham*, "Y estuvo allí con

él y Moisés invocó el Nombre". Y *YAHVEH* pasó ante su rostro.
La leyenda dice que en ese momento la roca se cerró con Moisés dentro y que sólo percibió el reflejo de la Gloria pasajera, mientras proclamaba:

> *YAHVEH*
> *YAHVEH*
> Dios
> fuerte, misericordioso y piadoso;
> tardo para la ira y
> grande en benignidad
> y en verdad;
> que guarda la misericordia en millares,
> que perdona la iniquidad, la rebelión y el pecado
> pero que no limpia por ningún motivo la culpa,
> visitando la iniquidad del padre sobre el hijo
> hasta la tercera y cuarta [¿generación?]

En la Kabbalah, los versículos anteriores se conocen como los trece atributos o cualidades de la Misericordia. Hay quienes dicen que representan las tres *zahzahot* no vistas de los esplendores ocultos y las diez *sefirot*. Otros las ven como la manifestación de la cara superior divina de la Misericordia, llamada largo sufrimiento, mientras que la cara inferior de la Severidad es simbolizada por el último versículo. Vistas como la afirmación de mayor majestuosidad después del decálogo de los mandamientos, las trece cualidades han sido preservadas en la liturgia judía para recitarse en días santos solemnes, en especial los asociados con la penitencia, como el día del perdón. De acuerdo con el *Talmud*, quien las recita antes de que Dios prodigue el perdón y que haya hecho alianza, no será dejado con las manos vacías. Sin embargo, lo que implica es que el individuo que está haciendo una petición ha logrado cierto grado de desarrollo o alcanzado un lugar elevado en donde se halla ciertamente ante el trono de la Gloria, como estuvo Moisés. (De nuevo, en el hebreo original no se menciona la palabra generación.) La leyenda dice que en ese momento de esclarecimiento Moisés inclinó la cabeza hacia la tierra mientras recordaba que su sustancia era de barro, como la de Adán, y dijo: Si en verdad he hallado gracia en tus ojos, oh Adonai, dígnese mi Señor venir en medio de nosotros, aunque sea un pueblo de dura cerviz; perdona nuestra iniquidad y nuestro pecado y recíbenos por herencia tuya.

La respuesta de la Divinidad a la pregunta de Moisés renovaría la alianza con Israel ante todo el pueblo. En ese punto estaría la esperanza y la redención para todo individuo; la raza humana percibiría que, pese al fracaso de Israel, el Señor perdona, aunque cada generación tiene que aprender su lección sobre las leyes de justicia cósmica. Por tanto, a la par de la severidad que ha de acompañar a los israelitas en el desierto vienen el reforzamiento y la conservación de la pureza y de la integridad, mientras la corrupción y el relajamiento mueren y desaparecen la perversión, la rebelión y la decepción. La justicia divina y el rigor no son las únicas cualidades del temor y la retribución, sino también la severidad que en ocasiones se requiere para extraer a un individuo o a todo un pueblo del desastre total.

El Señor dijo: "Yo realizaré a la vista de todo el pueblo maravillas, cuales no han sido hechas jamás en toda la tierra ni en nación alguna, para que todo el pueblo que está en torno a ti vea la obra de YAHVEH; porque es terrible lo que voy a hacer por medio de ti". Con esa promesa, la Divinidad vuelve a establecer la conexión que había retirado a los israelitas. Existe un paralelo en la vida de un individuo que tiene una experiencia tal con la Misericordia. A menudo, pese al error o la resistencia deliberada, muchas personas se han percatado de que, una vez que admiten su desviación, la Gracia divina fluye para sanar su sufrimiento y curar el daño hecho por el ego, o incluso el ser, cuando se interpone en su camino al Cielo.

Resplandor

Éxodo 34

Después de que fueron reveladas las trece cualidades de la Misericordia, el texto da un giro y vuelve a la divina promesa de ayudar a los israelitas para que hicieran suya la tierra a la que habían llegado, alertándolos de no celebrar alianza con los habitantes, porque éstos los corromperían. Incluso se les dice a los israelitas que deben destruir todas las instituciones religiosas que encuentren. Después el texto es una mezcla de los Diez Mandamientos y el código clerical, pasaje que parece haber sido insertado por los escribas que no entendían la naturaleza de los mundos superiores. Asimismo, es evidente que vuelven a interesarse por dar relieve a la autoridad del sacerdocio al colocar su interés por la festividad y el sacrificio inmediatamente después de la profunda experiencia vivida por Moisés. A lo largo de los siglos ha habido bastantes discusiones acerca, por ejemplo, del versículo que habla de no cocinar el cabrito en la leche de su madre, pero con un poco de sentido común, además de una honda experiencia, es posible darse cuenta de que la mayoría de los redundantes análisis son sólo soluciones aprendidas, cuando se trata, obviamente, de un símbolo de corrupción espiritual, que resulta irónico en ese contexto. Sólo la experiencia directa separa una opinión de la verdad o conocimiento interno.

Tanto la Biblia como la leyenda popular explican que Moisés permaneció cuarenta días y noches en la montaña. Durante ese tiempo le fue enseñada toda la *Torah*, lo que debía ser revelado

Ilustración 39. Esclarecimiento. Cuando Moisés descendió del Monte Sinaí su cara brillaba con tal resplandor interno que debió cubrirse porque cegaba a las personas, un fenómeno conocido entre los grandes maestros espirituales. Por esta razón esconden su rostro detrás de la máscara de la personalidad, lo que a veces resulta necesario porque ese carisma hace aparecer el lado oscuro de quienes buscan arrasar con la Verdad, un alto precio que varios santos y sabios han debido pagar (Biblia Banks, siglo XIX).

y aquello que no debía ser revelado. La razón para afirmar que recibió la enseñanza completa es la mención de "cuarenta días y noches". En la Kabbalah significa que Moisés tuvo la experiencia de las cuarenta *sefirot* de los cuatro mundos tanto en su aspecto receptivo como en el transmisor. Durante ese tiempo no bebió ni comió porque lo mantuvo la misma sustancia que alimenta a los seres angélicos. Según la Tradición, se trataba de la emanación de la *Shekhinah*, la luz procedente del mundo de la Emanación. Por tanto, Moisés adquirió poco a poco el resplandor que su rostro mostraría al descender de la montaña.

Visto en términos de un individuo, cuando una persona alcanza el nivel de esclarecimiento como Moisés, ha ascendido del estado mundano del cuerpo a través del mundo psicológico al lugar donde se entrelazan los tres mundos superiores. Ahí, la Gloria divina resplandece hacia abajo sobre su espíritu y se infiltra en su organismo psicológico. Cuanto más profunda y duradera sea la exposición ante los mundos superiores, mayor será la profundidad y el tiempo en que permanezca el resplandor. En el caso de quienes consiguen un contacto sostenido, como el Buda, el resplandor se convierte en una característica permanente. En seres menores, como los santos y los sabios el fenómeno no es tan marcado, aunque aparece como un halo o aura que es sentida más que vista por los mortales ordinarios. He aquí el proceso mediante el cual el mundo de la Divinidad penetra en los tres vehículos inferiores de quien se halla suficientemente puro para permitir que la Emanación brille a través de su ser. El texto prosigue con la descripción del fenómeno.

"Al descender Moisés del Monte Sinaí llevaba las dos tablas del testimonio en sus manos, y no sabía él que la tez de su rostro resplandecía por haber conversado con el Señor" (*Éxodo 34:29*). La leyenda describe cómo tanto Aarón como el pueblo temían a Moisés porque antes de que hubieran pecado podían contemplar las siete cubiertas flameantes de la Gloria, pero en ese momento eran incapaces siquiera de mirar a un hombre que había estado ante la Presencia debido al profundo asombro que sentían por la luz que irradiaba el semblante de Moisés. En la experiencia personal, ese fenómeno puede evidenciarse después de una sesión de meditación profunda bajo la disciplina esotérica, cuando algunas personas irradian un brillo perceptible para los demás. La calidad del resplandor es de extraordinaria pureza y con un poder sutil que revela el alma de la persona. La luz casi siempre desaparece cuando las actividades psíquicas y las del cuerpo cubren la luz y la envuelven en el ambiente y la materialidad. Un fenómeno similar ocurre con los recién nacidos, que pierden la lucidez de su ser conforme la densidad de su cuerpo y la torpeza de su psique nublan el espíritu y ensombrecen el resplandor interno a medida que descienden a la tierra para ser encarnados.

Habiendo alcanzado el mundo físico, Moisés se colocó un velo sobre su rostro. Ésa es la metáfora del resplandor interno que es enmascarado por el ego. La razón de que así sea es porque en la vida el ego no sólo actúa como cortina entre el mundo externo y el interno para prevenir que los niveles más burdos entren a la psique, sino que también es una protección para que el interno no ciegue al externo, como sucede en cualquier contacto visual. Cuando nos hallamos ante la presencia de un gran ser, las discrepancias de la propia naturaleza son iluminadas, lo que puede ser en extremo doloroso. Debido a su claridad de visión, tanto Jesús como Sócrates fueron con frecuencia penalizados por seres a quienes exponían como fraudes. Por tanto, es común que un maestro escude a sus estudiantes para no exponerlos a su luz por considerar que quizá no puedan soportar verse a sí mismos; mientras tanto, la instrucción se da a través de un velo. Así enseñaban Pitágoras y Mahoma.

La Tradición especifica que Moisés enseñó de acuerdo con un método definido cuyo fundamento era reconocido en ese punto. Primero instruyó a Aarón y luego a los dos hijos de éste, mientras que Aarón escuchaba por segunda vez. Después aleccionó a los ancianos, a Aarón y a sus hijos sobre la enseñanza acerca de Dios, el mundo y el ser humano. Luego instruyó al pueblo y a quienes ya lo habían escuchado, de modo que Aarón había oído la enseñanza en cuatro ocasiones, una por cada nivel de realidad. Después Moisés se apartó y Aarón repitió lo que había aprendido, así como los hijos de éste, los ancianos y el pueblo hasta que todos lo hubieran escuchado cuatro veces. De ese modo se les había mostrado la Enseñanza en términos de cada uno de los mundos y en los cuatro niveles de operación: el físico, el psicológico, el espiritual y el divino. Cuánto es comprendido, sólo puede ser evaluado por el propio desempeño cuando uno es instruido. Sin duda, nuestras diferentes partes reciben el conocimiento en distintas maneras, de modo que la Enseñanza tiene una aplicación práctica, una atracción psicológica, una resonancia espiritual y aun un momento de experiencia de lo divino. Cada nivel responderá a su manera, absorbiendo bastante con el inconsciente hasta que es traído a la memoria cuando es necesario en un punto particularmente relevante para un individuo.

Aunque Moisés utilizaba el velo para estar frente al pueblo, se lo quitaba para ir ante el Señor. Esto es un simbolismo que describe cómo el velo se transformaba de una protección en un impedimento cuando Moisés mismo tomaba el papel de estudiante. Al descartar el velo, que está relacionado con el Conocimiento de la psique y el Fundamento del espíritu, podía ser receptivo para recibir instrucción del Altísimo. Estar en dicha condición es tener un estado de *kibal* o de recepción, raíz de la palabra Kabbalah. Después de que fue enseñado, Moisés regresó a impartir abajo lo que recibió arriba. Sin embargo, primero se cubrió el rostro para no desanimar al pueblo en el trabajo de unificación, como llegó a ser llamado. Esto no sólo contribuye a la integración de las distintas tribus para formar una nación, sino que un trabajo tal puede unir todas las partes de un individuo, y también a todos los mundos.

TRABAJO

Organización y dirección

Éxodo 35

La revelación siempre antecede a la tradición; no puede suceder lo contrario. La tradición oral proviene de la revelación que luego se convierte en tradición escrita y en ritual. De esa manera, la Enseñanza sigue los principios de los cuatro mundos, en su descenso desde la voluntad divina, a través del conocimiento espiritual y la forma psicológica, hacia la manifestación física. Así sucedió cuando Moisés comenzó a transmitir las instrucciones concernientes al tabernáculo, las cuales habían existido previamente en los mundos superiores.

En la primera parte de *Éxodo 35*, Moisés reúne a la comunidad entera y se dirige a ésta. En el caso de un individuo es la experiencia del ser en el momento en que tiene conciencia tanto del cuerpo como de la psique, y tiene como meta la hechura del tabernáculo. Moisés empezó por destacar lo estricto de las reglas del ejercicio y la forma en que éste debe estar regido por las leyes de la Creación, con periodos de descanso para la recreación y la reflexión. Luego, estando Moisés más relajado, indicó que quienquiera que estuviera deseoso y tuviera un corazón dispuesto, podía hacer una contribución por medio de su trabajo o mediante la ayuda material. Lo anterior significa que no sólo estaba involucrado el pilar de en medio o columna de la conciencia, sino también el pilar derecho de la energía y el izquierdo de la materia. De esa manera, el rayo luminoso de la Corona zigzagueó desde la voluntad, a través del intelecto y la emoción, hacia el reino del cuerpo a medida que alcanzaba el mundo de la Acción y de los elementos. La gracia, la misericordia y la justicia llegarían a la tierra.

Los materiales ya habían sido descritos en detalle, pero la manera como se repite la exposición completa de lo que será necesario denota el orden en un mundo inferior, mientras la especificación del diseño comienza a manifestarse. Teniendo los requerimientos físicos necesarios para construir el tabernáculo, los individuos del pueblo regresaron a su campamento, recogieron los materiales que tenían y los entregaron de buena voluntad. Esto tuvo una importancia crucial porque de otra manera el trabajo carecería de significado tanto para ellos como para el tabernáculo. Ciertamente, cualquier trabajo o esfuerzo llevado a cabo bajo coerción no sería válido, sea por presión externa sobre el ego, por orgullo interno del ser, por temor o debido a una fascinación por el amor. En cuanto deja de haber libre albedrío, el trabajo deja de ser venerado y se vuelve labor, y luego, un trabajo penoso de rutina. Bajo tales condiciones, no se da nada, sino más bien se toma.

El texto dice que todos los hombres y las mujeres llevaron un adorno personal. Esos sacrificios individuales representan la contribución del cuerpo. La psique dio regalos cuando los hombres y las mujeres ofrecieron sus destrezas especiales; los hombres practicando las artes masculinas, y las mujeres, las relativas a su género. De esa manera, los talentos llevaron a cabo el ritual de hacer, formar y crear objetos sagrados conforme los materiales fueron martillados, tejidos, cortados, cosidos, unidos y vinculados con los diversos componentes del tabernáculo, los utensilios y las vestiduras sacerdotales. He aquí una analogía con la labor de amor del kabbalista que dura varios años, a medida que trabaja en su propio tabernáculo para crear, formar y hacer un lugar santo en su psique y su cuerpo, de manera que el alma, el espíritu y la Divinidad puedan morar ahí.

Los jefes de las tribus regalaron las piedras preciosas para la toga o efod y el pectoral; también contribuyeron con los perfumes y el aceite para las lámparas. Esto nos habla de cómo la parte animal del pueblo (o del individuo) cedió los tesoros que había acumulado durante su vida; podemos ver dichos regalos en talentos como la habilidad para organizar, el don de inspirar confianza o de poseer gran determinación.

En ese punto, Moisés anunció a los israelitas que Besaleel había sido elegido en especial para ver que se llevara a cabo el trabajo, porque quien estaba a la sombra de Dios estaba lleno del espíritu de ELOHIM, "en Sabiduría y en Entendimiento". Besaleel coordinaría, como dice el texto en hebreo: *Kol ish ve isha*, "cada hombre y mujer", *asheh nadav libam otam*, "cuyo corazón los hizo tener buena voluntad". Ahí, los pilares trabajan en armonía.

Besaleel, maestro artesano, junto con sus ayudantes, comenzó entonces a supervisar la construcción del tabernáculo, dando instrucciones con inspiración divina acerca del diseño que había de ser realizado. De acuerdo con la tradición, él conocía mejor que Moisés todos los detalles de la forma del diseño; porque fue inspirado en los niveles bajos de la Existencia, donde las leyes son más complejas y, por tanto, se manifiesta con más detalle; es decir, llevar a cabo el esquema celestial en el nivel de la tierra era poner atención en las particularidades, porque en el mundo más bajo el punto de manifestación opera a través de un tiempo determinado y en un lugar específico. La visión práctica, aunque intuitiva, de Besaleel, que empieza de abajo hacia arriba, está simbolizada por una conversación legendaria con Moisés, quien le preguntó en qué orden debía ser construido el tabernáculo. A diferencia del plan divino que comenzó con el arca, Besaleel propuso construir primero el tabernáculo, o sea, partiendo del nivel externo e inferior hacia el centro y luego al nivel más alto. En el caso de un individuo, se estaría trabajando a partir de la conciencia externa hacia la interna, de lo particular a lo general, como es en el ser humano a diferencia de como es en la Divinidad.

Trabajo de construcción

Éxodo 36

La verdadera construcción del tabernáculo y lo que contenía es una descripción detallada a lo largo de varios capítulos en el libro de *Éxodo*. Se trata casi de una repetición de los pasajes donde hay especificaciones, aunque no exactamente. Comienza con la recolección de los materiales y sigue con la convocatoria a todos los artesanos bajo las órdenes de Besaleel y su asistente Oholiab, quien supervisaría para "que el trabajo se llevara a cabo exactamente como lo mandaba el Señor". Una vez que se reunieron las contribuciones necesarias, comenzó la labor para confeccionar las diez cortinas en azul, púrpura y rojo hechas de lana tejida sobre lino blanco. Un símbolo de las diez *sefirot* es casi siempre el primer aspecto con el que se familiariza el estudiante de Kabbalah. Con frecuencia, debe construir un diagrama para sí mismo de manera que materialice su experiencia en un modelo que sirve de base para los cuatro mundos de la Existencia. Habiendo tejido las cuatro cortinas, los israelitas las unieron mediante presillas y broches hasta convertirlas, según dice el texto hebreo, en *ehad*, uno o entero. Ésa es la primera etapa de las *sefirot* que descienden a la manifestación igual que al principio de la Existencia.

Después de confeccionar las cortinas hechas con pelo de cabra, de piel de carnero y cueros finos en representación de los tres mundos inferiores, fue construido el armazón de madera del tabernáculo. Esto se llevó a cabo de acuerdo con una secuencia definida que recuerda a cualquiera que haya estado bajo una disciplina espiritual que la teoría y la práctica de la Tradición se nos enseña paso a paso, igual que si se construyera un tabernáculo interno. Tomemos, por ejemplo, los tablones de la estructura principal. Primero se colocan cinco de cada lado, luego cinco en el lado complementario, después de lo cual son situados otros cinco al final del tabernáculo. Los tablones se recubrieron con oro y de oro eran sus anillas, por las cuales pasaban los travesaños, también revestidos con ese material. Quienquiera que observe un sitio de construcción podrá darse cuenta que siempre se sigue un plan crucial para dirigir el trabajo. Dicho plan de trabajo se diseña para reunir los elementos en un momento dado, de manera que no estorben la labor de quienes construyen. Por ejemplo, la instalación de un baño antes de tener el sistema de drenaje sería considerado un mal diseño de planeamiento y lo mismo sucede con el desarrollo espiritual. No existen atajos sin que se impida el crecimiento o se revierta el flujo del patrón del alma, hasta que cada función física y psicológica haya sido debidamente conectada o desarrollada. Por tanto, el flujo del patrón del tabernáculo demuestra en su construcción una lección espiritual de gran relevancia de que todo debe ser completado una vez que se está preparado para proseguir. Muchos aspirantes no captan esta ley y se vuelven impacientes, incluso pierden la fe cuando la Providencia parece estar retrasándose. Nada ocurre fuera de su tiempo porque forma parte de una secuencia en el gran ciclo cósmico que desenvuelve el gran diseño de la Existencia.

Los últimos elementos de la estructura central fueron el velo, los cuatro postes internos, el cortinaje o pantalla y sus cuatro postes externos. Igual que con el resto del tabernáculo, éstos estaban fabricados con madera de acacia y revestidos con oro, unidos por broches de oro, plata y cobre; lino torzal bordado con hilo azul, púrpura y escarlata. Dicha secuencia completa y sella la cámara doble y la sencilla del tabernáculo, que representan el mundo superior y el interno. Si la labor era llevada a cabo como un acto de adoración, para los israelitas tendría una importancia enorme. De tal modo, la operación toma una dimensión transformadora con los materiales que fueron utilizados y que son transmutados de su estado original a un refinamiento superior. La práctica de construir una estructura sagrada es un método de enseñanza utilizado por varias tradiciones, como medio para demostrar la manera en que el mundo inferior puede ser convertido en el receptor del superior, igual que los lugares sagrados que tienen una atmósfera fuera de este mundo. Esto sólo puede ser logrado por quienes construyen bajo dirección espiritual. La técnica se llama el enfoque de la acción y es enseñada, sea con el ejemplo de un maestro o cuando se supervisa a un alumno que desempeña los movimientos de una operación con completa atención consciente, lo que transforma cualquier acción en un ritual sagrado. Sin duda, dicho enfoque era aplicado por Besaleel en su fuerza laboral conformada por los israelitas.

Si consideramos la verdadera construcción del tabernáculo como una metáfora del trabajo con el cuerpo, la psique y el espíritu, se podrá reconocer que una nueva fase está en camino en el viaje a la Tierra Prometida. Hasta ese punto, los israelitas han recibido nutrimento; han recibido ayuda desde lo alto para escapar de la esclavitud, asistidos para cruzar el mar de no retorno y mantenidos por la Providencia a pesar de las siete revueltas menores y una mayor. Ahora toman el trabajo en sus manos. Aunque es cierto que siguen un diseño proporcionado por el Cielo, también pueden tomar decisiones acerca del trabajo. Juzgando por el cuidado y la atención prodigada a la estructura emergente, queda claro que han tomado la decisión de unirse a los procesos de la creatividad descendente y de la evolución ascendente para hacer del tabernáculo un espejo del

Universo. En su reflejo podrán ver no sólo su desempeño individual, sino también la conciencia unificadora que emerge paulatinamente a partir de su labor. He aquí el inicio de la unificación de las tribus dentro de la comunidad de la psique, como varios elementos y facetas de labor bajo un propósito mayor, aun si sólo existían los componentes diseminados del tabernáculo distribuidos por todo el campamento.

Arquitectura

Éxodo 37

La leyenda dice que Besaleel no sólo tenía la Sabiduría de la *Torah*, sino el discernimiento de la *Halakah* o reglas sagradas, cuando utilizaba la Enseñanza en la vida diaria. Estando en el lugar del ser psicológico, tenía acceso a los mundos de arriba y los de abajo. Dicha posición también es conocida como el lugar de la Devoción y corresponde al primer vestíbulo del *Vilon* o velo que se retira a medida que el ser se abre a los ámbitos del cielo. Un individuo así estaría en el punto donde se entrelazan la Creación, el dominio del ser humano y el mundo físico de energía y materia. Así es como Besaleel podía conectar el cielo con la Tierra en la acción práctica.

Vayaas Bezalel et haAron, "Y Besaleel hizo el arca". O sea, fabricó en la realidad física la idea creativa y el diseño de la forma que Dios llamó y creó. Así, vista desde la experiencia de un individuo, el arca llegó a ser realizada por completo en todos los mundos. Fabricar el arca requiere atención total porque es el lugar sobre el cual el Santo oscilará, así como el sitio más profundo adonde irá una persona en lo más recóndito de su ser. Se halla más allá de la pantalla externa del alma y del velo del espíritu. Para el individuo es el Santo de los Santos. Por tanto, Besaleel, la sombra de Dios, quiso hacer los objetos más sagrados, mientras que los demás israelitas trabajaron en el tabernáculo.

El arca fue hecha de acuerdo con las especificaciones exactas dadas a Moisés. Fue construida con madera de acacia y recubierta tanto por dentro como por fuera con oro puro; un trabajo llevado a cabo por la mano de obra más diestra con el fin de poder alcanzar la máxima perfección, aunque el arca nunca fuera a ser vista por la mayoría de los israelitas, una vez que fuera colocada en el Santo de los Santos. La hechura del propiciatorio de la Misericordia, así como los querubines y la cubierta formada con sus alas, fueron fabricados con el oro más puro, obtenido y refinado de lo que había sido traído de Egipto, y representó un ritual simbólico de transformación. El uso de mil y una técnicas de artesanía para transformar los ornamentos de metal y los objetos banales en formas unificadas que pudieran sostener el significado más elevado, debe haber sido una enseñanza valiosa para quienes ayudaron a Besaleel. Para los israelitas, ésa fue una de las lecciones acerca de la disolución de su condicionamiento anterior. La vida pesada en el desierto había revelado varios aspectos inservibles de su vida pasada, aunque había otros debían que ser erradicados, borrados y desechados porque los israelitas no habían alcanzado aún un estado donde pudiera surgir algo nuevo.

Después de construir el arca hicieron la mesa y el candelabro para el santuario exterior. La hechura de esos dos objetos también fue un ejercicio para vivenciar la simbología profunda llevada a la manifestación física. El nivel de refinamiento en el trabajo de esas piezas sagradas debía ser sólo de un grado menor que el empleado en la fabricación del arca. De hecho, los artífices contratados probablemente fueron calificados según su nivel de competencia y comprensión espiritual (un concepto conocido más tarde por los constructores de los templos: los masones). Visto en el caso de un individuo, dicho proceso ocurre de acuerdo con las leyes innatas, ya que las diferentes partes de la psique y del cuerpo están dispuestas para que desempeñen una jerarquía completa de tareas. Por tanto, así como cada facultad tiene un lugar propio, cada artífice tiene una destreza particular que contribuye a su mérito. En el contexto de la unidad del todo, ninguna persona es más valiosa que otra, aunque cada individuo tiene un área especial en la organización.

Inspirados por la dirección de Besaleel, la fuerza de trabajo produjo resultados de la más alta calidad, puesto que en cada etapa tradujeron todas las ideas, martillando, moldeando y cosiendo para dar forma a un objeto terminado. Así, el candelabro de siete brazos, la mesa para el pan, las pinzas y los cazos para el fuego, el altar para el incienso y los perfumes para ser quemados en él fueron creados poco a poco por el organismo de la mente humana, el corazón y las manos.

Cuando llegó la hora de hacer la gran jofaina de bronce, era señal de que había llegado el momento de construir el atrio exterior. Desde la perspectiva kabbalística es el punto preciso en el flujo de la secuencia porque corresponde exactamente con la posición donde se entrelazan la Formación inferior con la Acción superior. La jofaina representa el ego de la psique, así como el lugar del Conocimiento del cuerpo, por lo que, quien haya escrito sobre la colocación de la jofaina, conocía dicho lugar como el entrelazamiento entre la psique inferior y el cuerpo superior. El atrio y sus cuatro lados, los paneles, los ganchos, los postes y los cortinajes bordados que daban al Este fueron construidos al final en la secuencia de la construcción.

A medida que terminaba la etapa de prefabricación en el tabernáculo, éste comenzó a actuar como foco en la mente colectiva del pueblo, aunque aún tenía que ser erigido. De pronto, las personas no podían verse como tribus separadas. Durante el proyecto de construcción, habían olvidado las diferencias familiares, porque se habían unido para hacer algo que era más grande que sus intereses tribales. Todos habían contribuido con algo propio, fuera un regalo o una destreza, o ambos. Además, habían trabajado en grupos según su oficio más que por su relación consanguínea. Esto había creado y formado un nuevo tipo de unidad que estaba por encima del nivel vegetal y del nivel animal en su vida. Algo nuevo estaba sucediendo.

Visto en un individuo, el proceso descrito arriba ocurre en la psique cuando el trabajo sagrado es llevado a cabo con otros, de acuerdo con una meta común bajo la dirección de un maestro espiritual. Situaciones especiales como ésa generan un horizonte mucho más allá de las circunstancias ordinarias y crean una atmósfera que provoca una sensación de unión, tanto hacia los demás como dentro de uno mismo. Ese fenómeno es común en cualquier grupo que hace un trabajo del alma y es el sello que lo identifica. Con el aumento de la presencia del Espíritu Santo, el proceso interno de integración aleja la motivación egoísta y anima al ser para que sirva al alma que, a su vez, ayuda al trabajo cósmico del cielo, que quiere llegar abajo y tocar la tierra.

En este punto, las escrituras dan crédito y alaban al ayudante de Besaleel, Oholiab, que significa "tienda de su padre". Él es el aspecto físico del ser en la Corona del mundo más bajo. El texto señala su contribución práctica diciendo que era artífice bordador y recamador en púrpura, violeta y escarlata en lino fino. Oholiab sabía cómo trabajar en todos los mundos bajo el pabellón de Dios.

Material y destreza

Éxodo 38-9

Como para traernos rápidamente de regreso a la tierra, la última parte de los treinta y ocho pasajes de *Éxodo* es acerca de una lista completa de materiales utilizados en la construcción del tabernáculo. Ahí se estipulan las cantidades de oro y plata contribuidas por la comunidad y por cada habitante mayor de veintiún años de edad. Ése es el reconocimiento de la obligación que tiene un individuo ante su comunidad que comparte con él los beneficios recibidos de los mundos superiores. También son mencionados los metales para el reino mineral, el lino para el reino vegetal y el hilo del reino animal, que han sido elevados de su condición natural para ser utilizados en la santa unificación de los mundos. Este concepto subyace en el texto con la repetición del tipo de materiales y cómo fueron transformados en los distintos componentes del tabernáculo. La contabilidad en talentos y *shekels* o siclos expone el costo según el peso, de manera que todos puedan captar el total del tesoro aportado. Los israelitas aún no se habían percatado, hasta ese momento, de que tenían tal riqueza. Cuando las contribuciones habían sido recolectadas de todos los rincones del campamento a un solo punto, hubo una transformación. De pronto, millares de fruslerías personales se convirtieron en las posesiones más atesoradas por la población. La lección de unir las partes en un todo es demostrada con el nivel material en ese capítulo.

La importancia de lo mencionado en un nivel individual no sólo es el asunto de cuánto puede estar preparada una persona para conceder sus posesiones físicas, su trabajo, destrezas y tiempo, sino saber reconocer el cambio de escala en el Trabajo y su fruto cuando el valor de tales asuntos son aportados para algo más grande. Al inicio hay bastante resistencia, ya que el nivel vegetal busca conservar las comodidades personales, y el animal, sus símbolos de estatus. Con el tiempo, a menos que el trabajo se abandone, el alma toma las posesiones de la naturaleza inferior y ayuda a ofrecerlas como sacrificio, que, debe repetirse, significa hacerlas sagradas. Con tal acción proviene la resolución de varios conflictos internos entre los intereses de distintas partes del cuerpo y la psique. La meta es unirlas para crear una fortuna común más grande que sólo la suma de todas las contribuciones.

Después de evaluar los materiales, el texto sigue con la descripción de la hechura de las vestimentas sacerdotales. Primero es confeccionado el efod, los tres hilos de azul, púrpura y escarlata son tejidos en una base de lino. Luego el oro es laminado en tres placas finas que son cortadas en tiras y torcidas para ser tejidas junto con el hilo y el lino. El proceso es largo y pesado, y requiere una atención sostenida por parte del sastre que no debe olvidar lo que está fabricando o por qué lo hace, un trabajo bastante distinto de cualquier encargo profesional. Es un acto sagrado y debe ser desempeñado de tal modo que no afecten pensamientos profanos, emociones o acciones que intervengan y contaminen el trabajo, porque lo que ocurra mientras el artesano crea, forma y hace se infiltra en cualquier objeto para el resto de su existencia. La belleza impregnada durante un trabajo consciente no puede ser perdida, como muestran varias piezas artesanales de antaño que aparecen llenas de gracia. Tampoco puede ser eliminada alguna falla sucedida durante el proceso creativo. Ciertamente, varios grandes artesanos reconocen dicha ley y prefieren destruir un objeto y comenzar de nuevo, porque una profunda malformación inherente no puede ser rectificada. Lo mismo sucede con cualquier trabajo que es realizado para reflejar la perfección del mundo de la Divinidad. El efod del sumo sacerdote representa dicho nivel en un ser humano, de modo que debía ser una pieza perfecta de arte manual. La hechura de los engarces para las piedras preciosas era un arte que exigía un trabajo de conciencia muy elevada, dado que los nombres de los hijos de Israel debían ser grabados en un patrón esotérico representado en un esquema metafísico, una alegoría que tenía un significado y una función para el ritual. Los tres aspectos combinaban la mente, el corazón y el cuerpo del grabador, quien debía conocer la importancia de cada nombre y cómo se relacionan con él, al tiempo que hacía los sellos, o no habría logrado impartir la resonancia en el objeto, que bajo sus ojos y su mano no sólo se cristalizaría de acuerdo con la forma que le diera, sino que absorbería el estado físico, psicológico y espiritual en que él se encontraba. Tales artesanos no podían ser personas motivadas sólo por ganar dinero, incluso sentirse orgullosas por su destreza; debían ser como Besaleel, el artista de Dios.

La construcción del pectoral desarrolla el tema de los doce hermanos como piedras preciosas que estaban en concordancia con su naturaleza. Por ejemplo, el rubí destinado a Leví, irradiaba igual que el rayo de revelación de sabiduría que recibió. El zafiro de Isacar ilustra su devoción por el estudio de las tablas de la ley, que fueron hechas con esa piedra. El ónice de José representaba la gracia y el favor de su generosidad. En contraste, la piedra para Gad era un cristal, que dio a la tribu la dureza y la claridad en su batalla por la verdad y la justicia. La leyenda data en el principio del *Génesis* dichos atributos y los de los otros hermanos cuando Jacob fue bendecido. Las joyas y los nombres fueron colocados en el pectoral de acuerdo con el patrón definido que expone las leyes de la relación entre los hombres que reflejaban los doce tipos de la raza humana. La manufactura de los mantos de oro, los engarces y los anillos, así como su posición en el efod es descrita con gran minuciosidad, de manera que la construcción de la vestimenta sigue una secuencia cuidadosamente planeada. El manto a cuadros y el inferior azul son brevemente explicados, lo que indica una reducción en la importancia de tales vestidos y los que fueron hechos para los hijos de Aarón. Este proceso resuena con un individuo, conforme trabaja desde las partes más altas y los niveles más profundos de su ser hacia sus partes más bajas. Sin embargo, todo lo que hace es comparado con el criterio de sus momentos de plenitud más importantes que producen el oro divino a partir del cual él teje su propio efod cada día que trabaja en su espíritu, su alma y su cuerpo.

La última etapa de toda la operación es la hechura de una lámina de oro puro que debe ser puesta en el turbante de Aarón. Sobre dicha lámina deben grabarse las palabras KADOSHLA YAHVEH, CONSAGRADO A YAHVEH. La lámina era entonces fijada en la parte alta del turbante con una trencilla azul, el color del mundo de la Creación. Para el kabbalista, ello significa que la Corona del árbol del sumo sacerdote es bendecido por SHEM HAMEFORASH, el Nombre especial de Dios. Esto corresponde con el nivel del CREADOR, en el centro del árbol del mundo de la Divinidad. Por tanto, en cada persona el sumo sacerdote puede contactar, vía la Corona del espíritu en el lugar del arca interna, al Santo Bendito, lo que es posible porque está dicho (*Éxodo 20:24*) que donde la Divinidad haya hecho recordar este Nombre de Dios, ahí la Presencia vendrá, como fue prometido, a la conciencia del ser humano.

Ensamblaje y consagración

Éxodo 39-40

Al concluir el trabajo, los israelitas llevaron todas las partes del tabernáculo que serían ensambladas. Entonces, Moisés revisó cada parte para ver si había sido hecha tal como el Señor había mandado. Y así, en las escrituras dice: "Así lo hicieron". Quien haya construido algo debe saber cómo es el momento antes de que todas las partes por separado sean unidas. En ese momento hay una pausa en que se aprecia el trabajo completo hecho hasta ese instante para realizar el objeto. Es la última vez que varias de las piezas serán vistas antes de quedar ocultas dentro del ensamblaje, desapareciendo para siempre en las profundidades de la totalidad que lo cubre todo en una nueva dimensión de unidad. Una etapa así ocurre en el trabajo kabbalístico. Durante varios meses o aun años, la teoría ha sido aprendida y las prácticas llevadas a cabo con diligencia. Una por una las ideas han sido entendidas y los ejercicios dominados. Pero todavía se trata de un repertorio de conceptos y técnicas. De pronto, se está ante el borde de un descubrimiento. El individuo comienza a vislumbrar lo que el maestro dice y hace, a medida que sus experiencias empiezan a integrarse en un conjunto de reglas simples. Las horas de estudio se desvanecen en una serie de momentos que le dan cohesión a todo. La persona se encuentra en los límites de la unidad.

La tradición dice que Moisés no montó el tabernáculo al instante, sino que se tardó tres meses, a pesar de que las personas

Ilustración 40. Sacerdocio. Las tres prendas del Sumo sacerdote representan los tres mundos superiores en un ser humano, siendo la Tierra el cuarto mundo. Todo el ritual y los objetos tenían la intención de representar un principio sagrado. El Arca, por ejemplo, contenía las tablas de la Enseñanza y era el lugar donde la Presencia divina flotaba durante las ceremonias. Todo era manejado de acuerdo con un orden especial de modo que elevara la conciencia de quienes participaban en los rituales (Biblia Banks, siglo xix).

querían hacerlo todo al mismo tiempo. Aquí se repite la lección de la paciencia concerniente a los asuntos del espíritu. En lugar de aceptar la palabra del maestro, que transmitía la voluntad de Dios, los israelitas querían imponer la suya, pese a la instrucción de Moisés por esperar hasta el primer mes hebreo de Nisán. Ese día empezaba la primavera, el renacimiento anual de la naturaleza y tiempo para la celebración del éxodo de Egipto. El pueblo no reconocía la conexión entre los tiempos y Moisés tuvo que escuchar múltiples quejas, lo cual indicaba que el pueblo aún no estaba listo. Aunque el trabajo había sido hecho de manera correcta, sólo algunos habían estado entretenidos o complacidos por haber estado ocupados. Además, aunque la mayoría había funcionado de manera satisfactoria bajo disciplina, en el momento en que no hubo nada que hacer, fue claro que los israelitas aburridos podrían incitar a los demás, inquietándolos y haciendo que sintieran resentimiento hacia su instructor.

Ese fenómeno es común entre las personas que no tienen paciencia, y saber esperar es parte vital del entrenamiento esotérico. Por desgracia, debe demostrarse una y otra vez que el momento oportuno para un suceso espiritual depende de un horario cósmico, y no de la voluntad del individuo. A menudo, eso es ignorado por los aspectos de apatía y de obstinación de las personas o de la psique. Los comentarios de algunos israelitas que opinaban que Moisés había usado todo el dinero para sus propios fines mientras ellos, el pueblo, no obtuvieron beneficio por su trabajo, tiene un paralelo en el individuo y aun en un grupo de estudio en que los miembros disidentes que se encuentran en la misma etapa de descubrimiento provocan al instructor para que actúe de cierta manera. Dichos sucesos revelan motivaciones hasta entonces desconocidas e indican que aún hay un largo camino por recorrer en cuanto a disciplina personal. Con frecuencia, en este punto, las personas se alejan de la obra porque no hay nada en ésta para ellas. A menudo difaman a su instructor y buscan disolver la unidad del grupo porque piensan que saben más que el líder con experiencia.

La leyenda dice que personas así fueron con Besaleel y le pidieron que montara el tabernáculo para que descendiera la *Shekhinah* sobre ellos y moraran con los ángeles. Pero incluso él, que había construido el conjunto, no podía ir más allá de la etapa en que todo era una colección de partes listas para ser ensambladas. Esto ilustra cómo, incluso un ser psicológico diestro en las artes del mundo inferior de la forma y el de la materia, no tiene mando en el mundo espiritual para unificar el todo. Dice la leyenda que ante esta falla algunos israelitas se enojaron y hablaron mal abiertamente de Moisés, diciendo que había gastado demasiado tiempo, dinero y trabajo en el tabernáculo y, ¿qué era lo que recibirían a cambio?

Un fenómeno así también ocurre entre quienes esperan resultados de la labor espiritual. No trabajan para dar servicio, sino para obtener privilegios especiales. Consideran su trabajo como el que se lleva a cabo en los mundos inferiores, donde una persona obtiene una recompensa física o adquiere una destreza psicológica. En la Kabbalah, el trabajo en ese nivel se hace por el bien de la obra. Se asume porque se reconoce que la Providencia ya ha otorgado abundantes regalos físicos, psicológicos y espirituales. Con eso en mente, el kabbalista paga su deuda al Universo: estando listo para ayudar en el trabajo de unificación.

La leyenda continúa diciendo que entonces todo el pueblo fue a ver a Moisés y le preguntaron por qué no podía ser instalado el tabernáculo, ni siquiera por Besaleel. ¿Habían hecho algo malo? ¿Habían hecho un mal trabajo, olvidado hacer algo? Moisés contestó que no había nada de malo con el tabernáculo o en sus componentes. Sin embargo, se afligió en secreto porque aun él no podía entender, en ese punto, por qué se había retrasado tanto la instalación, lo cual demuestra que, aunque Moisés tenía momentos de contacto divino, cuando no estaba en comunión, él también se hundía en otros mundos, lejos de su nivel óptimo como complemento profético de Aarón en la posición de *Nezah* de *Yezirah*. Lo que quiere decir que incluso él no siempre recordaba lo que se le había dicho o comprendía su significado cuando descendía a la posición yesódica del ego. Por fortuna, aun en medio de la perplejidad, conservaba la fe. Tal estado de despertar a veces ocurre después de una meditación profunda, cuando una visión interna de lucidez de pronto se nubla en el momento en que la conciencia se vuelca hacia fuera al mundo físico para luego olvidarlo todo. Por lo general se debe a que la mente egoica reviste las percepciones profundas con preocupaciones personales y superficiales y, aunque la realización de alguna visión interna importante sea reconocida, el significado regresa sigilosamente tras el velo del inconsciente.

Como para hacer énfasis en la humanidad de Moisés, la leyenda dice que, estando en la tienda de reunión, justo fuera del campamento, preguntó al Señor la razón por la tardanza. La respuesta fue que Moisés vería por qué no le había sido permitido participar en la construcción. Los israelitas habían proporcionado los materiales y la labor, Besaleel y sus artífices la forma y entonces él, Moisés, completaría los tres niveles con el ensamblaje del tabernáculo por medio del poder creativo del espíritu. Moisés dijo que no tenía idea de cómo hacerlo. *Éxodo 40* contiene las instrucciones y la leyenda describe cómo fueron implantadas.

A Moisés se le dijo que ensamblara el tabernáculo de acuerdo con la ley de los cuatro mundos, indicado por el recurrente número cuarenta de las escrituras. Primero, tenía que instalar la tienda del tabernáculo, poner el arca del testimonio en ella y cubrirla con el velo. Luego tenía que llevar la mesa y arreglarla, después colocar las lámparas. La secuencia de instrucciones seguiría desarrollándose etapa por etapa hasta que el tabernáculo estuviera completo, con todos sus utensilios y herramientas en el atrio exterior.

La tradición oral dice que cuando se acercó el día del ensamblaje del tabernáculo y su consagración, todos se prepararon como lo habían hecho para recibir el decálogo de la montaña sagrada. Sin embargo, aquí la diferencia era que el suceso se llevaría a cabo a la vista del pueblo entero. Por tanto, Moisés tuvo que prepararse para la difícil tarea de ser el intermediario por donde descendería el flujo de la voluntad divina en un acto de creación milagrosa. Sería una demostración para que los israelitas fueran testigos de una de las ideas más profundas de la tradición: el ser humano, imagen de Dios, es la única criatura capaz de recibir y transmitir la voluntad de la Divinidad, mientras abarca los cuatro mundos. Ése era el propósito de un ser humano. Ninguna otra criatura, por más grande y poderosa que fuera, podía desempeñar esa función en los mundos superiores o los inferiores.

El primer día del mes de Nisán en el tiempo designado por el Señor todos se reunieron en el campamento ante los componentes esparcidos del tabernáculo. Moisés, en un estado de equilibrio armonioso en que los cuatro niveles en él estaban integrados por mérito propio y la ayuda de la Gracia, se acercó a las partes esparcidas y las tocó, según la orden que había recibido. En ese momento, el Universo se alineó por completo, habiendo una conciliación de arriba y de abajo a medida que el poder descendía por todos los mundos fluyendo a través de Moisés y hacia todas las partes del tabernáculo. Éstas comenzaron a moverse y a unirse ante el asombro de los hijos de Israel. Las paredes del tabernáculo se montaron y se aseguraron por sí mismas, creando, formando y haciendo los espacios sagrados del santuario y del Santo de los Santos. Después, los grandes cortinajes de azul, púrpura y escarlata se lanzaron sobre la estructura, antes de ser cubiertas por las tres capas de pieles. El arca tomó su lugar en el Santo de los Santos, y el velo cubrió la entrada; después los utensilios se posicionaron y las herramientas encontraron su lugar antes de que la pantalla se colgara sola sobre la puerta. Por fuera, el altar tomó su posición frente a la tienda y la jofaina se situó frente a todo el conjunto en el espacio del atrio exterior. De pronto, todo lo de afuera y lo de adentro del tabernáculo estaba en el lugar correcto. Por fin, la Voluntad divina tenía un tabernáculo a lo largo de la existencia y era ahora manifiesto en todos los mundos.

Lo que se necesitaba para completar la operación era una ceremonia de consagración que uniera el propósito del tabernáculo con el del ser humano. Así, Adán, la imagen microcósmica de la Divinidad serviría a Dios en la imagen macrocósmica del tabernáculo, el rostro comenzaría a contemplar al rostro.

Después de ungir el tabernáculo y todo lo que estaba dentro con aceite como símbolo de la bendición de la gracia, Moisés consagró el altar y la jofaina del atrio interno, omitiendo el atrio exterior porque no era considerado santo. Luego pidió a Aarón y a sus hijos que se acercaran a la puerta de la tienda de la Presencia y se lavaran a fin de ser aptos para entrar al sacerdocio. Aarón fue ataviado ceremoniosamente con las vestiduras de sumo sacerdote y ungido, después sus hijos fueron vestidos y ungidos como sacerdotes. Los rituales de dedicación y consagración terminaron con el levantamiento de la cerca y el cierre de la verja que separaba lo sagrado de lo profano.

En ese momento, cuando el trabajo estaba completo, la nube que había acompañado a los israelitas desde Egipto descendió para cubrir la tienda del encuentro. El texto hebreo dice:

Uchvod YAHVEH *malay et ha Mishkan*
"Y la Gloria de YAHVEH *llenó el tabernáculo"*

Es decir, la presencia del mundo divino se manifestó a lo largo de todos los mundos para enfocarse en el tabernáculo mientras yacía bajo la nube del Espíritu Santo. "...Moisés no podía entrar en la tienda de reunión, porque sobre ella posaba la nube y la Gloria de *Yahveh* llenaba el tabernáculo."

Según la leyenda, el descenso de la Gloria no había ocurrido en la Tierra desde los días previos a que Adán y Eva hubieran pecado. Sin embargo, ese día fue vista por todos los hijos de Israel, o sea por hombres y mujeres comunes que, mientras permanecían en asombro, atestiguaron el descenso externo del flujo de la Creación para tocar la Tierra y luego ascender hacia una evolución interna.

Fue un acontecimiento de gran importancia en el ciclo de la existencia. A partir de ese día hubo seres que podían percibir la Divinidad en el nivel de la realidad mineral, el vegetal, el animal y el humano. La leyenda añade que desde ese día la relación del Señor con Moisés cambió. Desde ese instante escucharía la voz divina cambiar de los tonos atemorizantes del Juicio a un murmullo dulce y gentil que habla de la Misericordia. Se dice que ese día, ese último atributo impregnaba todos los mundos de manera que aun las fuerzas demoníacas del Universo se aquietaron. El trabajo de la unificación había iniciado una nueva etapa.

Para un individuo, lo anterior describe un momento de profunda integración. De pronto, un día, lo que se ha aprendido y practicado se vuelve real; meses o quizá años de trabajo y preparación se fusionan en una experiencia profunda durante una ceremonia de dedicación. En ese momento de iniciación, todo se integra al unísono para hacer del tabernáculo un lugar operativo. Una luz llega a ese santuario que ilumina los conceptos parcialmente comprendidos y activa las funciones incompletas. De pronto, múltiples elementos separados en el ser son percibidos formando un solo organismo interno donde el espíritu que fluye desde arriba del mundo de la Creación puede ser recibido y transmitido, así como un individuo puede actuar como anfitrión y sumo sacerdote en su propio santo de los santos para recibir la presencia de la Divinidad.

El libro del *Éxodo* cierra con un versículo que describe alegóricamente el caso de una persona consagrada, que a partir de ese momento regresa a la tierra prometida: "Pues la nube de *Yahveh* se posaba de día sobre el tabernáculo, y durante la noche se hacía de fuego a la vista de toda la casa de Israel, y así todo el tiempo que duraron sus desplazamientos".

Epílogo

El viaje por el desierto tomaría cuarenta años, o un ciclo completo de experiencias físicas, psicológicas, espirituales y de la Divinidad, mediante las que los israelitas sufrirían una transformación total. Durante ese tiempo, fueron entrenados y probados en un proceso gradual para asimilar la enseñanza que les era impartida.

El programa de entrenamiento fue implantado mediante la celebración de los ciclos semanales, mensuales y anuales del *sabbath* y las festividades. Con esto se estableció una columna vertebral de leyes y costumbres (de hecho, uno de los campamentos fue llamado Ezión-geber o "columna vertebral") que aportó disciplina y dignidad a la nueva nación que surgiría de la antigua mentalidad esclava. El paralelo en un individuo son los años de entrenamiento por los que deberá pasar después de su compromiso al iniciar el trabajo espiritual. El consentimiento no es suficiente; es necesario llevar a cabo la alianza y ser probados bajo las condiciones más difíciles, representadas por las dificultades en el desierto, para pasar la prueba.

Las pruebas eran diversas. Las más obvias eran las batallas externas con los pueblos que bloqueaban el camino a los israelitas, cuando cruzaban fronteras o entraban en diferentes ámbitos. Un viajero en el camino espiritual encuentra episodios de violencia similares cuando se halla en el poderoso territorio psicológico, donde encuentra la resistencia que quiere impedir su viaje o incluso destruir la integridad de su desarrollo. En el éxodo, dichos episodios están representados por la integración gradual de la comunidad israelita con el tabernáculo como su centro. Las pruebas más peligrosas se presentan con una serie de rebeliones en diferentes niveles. Además de la resistencia periódica ante las condiciones rudas del desierto por un pueblo aún egocéntrico que no podía percibir más allá de las situaciones inmediatas, estaba la insurrección del levita Coré, y los dos hombres Natán y Abiram, a quienes en Egipto Moisés había pedido que dejaran de discutir. Dicha oposición ocasionó un serio cisma en la nación, dando como resultado la muerte de múltiples personas que se habían unido en la confrontación. Momentos así pueden ocurrir en el desarrollo espiritual, cuando todo un conjunto de conceptos o de complejos emocionales tienen que ser dejados atrás, o destruirían años de trabajo. También sucede en las actividades en grupo, cuando algunos miembros con poco conocimiento se separan de la fuente y se independizan, creyendo que sólo ellos poseen la verdad y son la autoridad, sólo para estancarse o incluso morir por defender su orgullo. La historia de las religiones contiene varios ejemplos así.

Tal vez la prueba interna más drástica fue simbolizada por la declaración de la hermana y el hermano de Moisés, quienes reclamaban ser iguales que él ante el Señor. Los hermanos fueron severamente castigados por la Divinidad; a Miriam, el principio inferior del ego, se le reprendió por asumir la iniciativa en contra de Moisés. Quizá los dones psíquicos o *yesod* de Miriam tenían claridad, y el ritual formal representado por Aarón en *Hod* tal vez tenía peso, pero ambas habilidades dependen de lo que es impartido por la Gracia de arriba, a través del nivel elevado de Moisés en el ser y de su posición normal en *Nezah* o profecía. A Miriam se le mantuvo fuera del campamento en estado leproso hasta que hubiera aprendido su lección. Ese fenómeno ocurre a las personas que abusan de los poderes ocultos que pudieran haber adquirido y de los que se consideran maestros. Durante los últimos días en el desierto, varios incidentes ilustran una analogía de los problemas que enfrentan las personas a lo largo del camino interior. Las mujeres y la cultura de los pueblos amistosos vecinos que seducen a los israelitas demasiado confiados, se convierte en una amenaza para la pureza del pueblo y para su creencia en la unidad de Dios. El ataque perpetrado por los reyes de países extranjeros, que deseaban utilizar la poderosa magia negra de Balaam, revela el primer contacto con el mal que sólo se encuentra más allá de cierto punto en el desarrollo espiritual. El incidente de la trasgresión de Moisés en Cades (*Números 20*), en el que hizo brotar agua por propia voluntad y no por Voluntad divina, demuestra la máxima tentación. Ese error fatal puede ocasionar y, ciertamente, representó un costo para Moisés, no ser admitido en la Tierra Prometida.

Finalmente, para cuando los israelitas llegaron al punto de entrada a Canaán, todos los que habían nacido en Egipto, excepto dos, habían muerto. Dichos sobrevivientes eran Josué, el salvador, y Caleb, que significa "valiente". Ambos habían sido los únicos miembros optimistas de la expedición de espías (*Números 13*) a Tierra Santa, causando que los israelitas regresaran al desierto por falta de valor para enfrentar las dificultades. Por tanto, fue una nueva generación criada por la *Torah* en el desierto la que cruzó la segunda división acuosa del Jordán, de nuevo un símbolo de no retorno. En ese punto termina la etapa del ciclo mosaico.

El resto del Antiguo Testamento relata el establecimiento de los israelitas en la tierra que mana leche y miel. Dicho proceso tiene lugar en medio de las violentas guerras del Señor, en que no sólo son destruidos los falsos dioses que habitan la tierra del espíritu, sino la unidad de las tribus es puesta a prueba por una serie de condiciones totalmente diferentes de las del desierto. En ese nivel cósmico, la situación y la formación de las fuerzas de batalla difieren por completo de las del mundo inferior de la psique. Después de años de luchas bajo diversos jueces que lograron mantener juntos a los israelitas, las tribus fueron unificadas de manera externa bajo el reinado de Saúl, cuyos errores revelaron el peligro de estar bajo el control de un jefe supremo humano. David, cuyo nombre significa "amado por Dios", llevó al pueblo, a pesar de sus imperfecciones, al nivel donde había una capital central o lugar donde el segundo gran tabernáculo del templo fue construido por su hijo Salomón, cuyo nombre quiere decir "paz" y "terminación". Sin embargo, este gran rey sabio, que la leyenda dice que conoció tres mundos, cayó de la gracia debido a su exceso de confianza y de tolerancia, porque permitió que la integridad de la tierra santa fuera adulterada. Ese tema se repite a lo largo del Antiguo Testamento y en el Nuevo, a medida que el pueblo, elegido para demostrar el propósito de la Existencia, alcanzaba periódicamente el nivel más alto para luego caer por ignorar la Enseñanza. Dicha situación ocurre hoy en el nivel nacional y en el individual.

Lo que hemos estado estudiando es el progreso del peregrinaje de todo individuo. El viaje desde el principio del tiempo a través de todos los mundos y sus etapas es planteado de manera que, en cualquier nivel donde nos encontremos, la Biblia tendrá para nosotros un significado profundo y un consejo sabio. Eso es posible porque quienes redactaron el texto original de la Biblia estaban totalmente conscientes de qué escribían y por qué. Es probable que la Biblia sea el libro más leído. ¿Cuál es la razón? Porque contiene la enseñanza acerca de Dios, el Universo y el ser humano, aunque la mayoría de las personas perciben vagamente el contenido profundo de Belleza y Verdad, a pesar de sus discrepancias. Dichas profundidades esotéricas sólo pueden ser conocidas hasta que hayamos tenido experiencia personal de los siete niveles que se hallan en nuestro interior. Para lograrlo, necesitamos la llave del conocimiento interno o las escrituras no serán sino una pista de otros mundos más allá de una puerta escondida. "Busca", dijo un gran rabino, "y encontrarás. Llama a la puerta y te será abierta".

Escucha, oh Israel. El Señor es nuestro Dios, el Señor es Uno.

Índice analítico

Acerca del autor

Z'ev ben Shimón Halevi es el nombre hebreo de Warren Kenton. Nacido en Londres en 1933 en el seno de una familia judeoespañola, estudió en la escuela de arte de Saint Martin y en la academia de pintura Royal Academy of Painting. Inició su formación en una escuela del alma de occidente estudiando Kabbalah y astrología. Después de trabajar en el teatro como escenógrafo, dio clases en la academia Royal Academy of Dramatic Art y en la escuela de arquitectura Architectural Association mientras ejercía como diseñador gráfico.

Además de dirigir su propio grupo y poco antes de conformar sus cursos en *El camino de la Kabbalah*, impartió talleres sobre ese tema para la empresa Wrekin Trust, y fungió como miembro de la academia Temenos en el instituto de arquitectura Prince of Wales, en Londres.

Actualmente, Halevi es director de tutores de la sociedad internacional Kabbalah Society. Ha practicado Kabbalah y astrología por cuarenta años, tiempo durante el cual ha visitado los principales centros judíos de Europa, norte de África e Israel.

En la actualidad da cursos en América del Norte, del centro y del Sur, Europa Oriental y Occidental, así como en Australia, Japón e Israel. Ha publicado catorce libros, los cuales han sido traducidos a doce idiomas, incluidos el japonés y el hebreo.

El Centro Cultural y de Desarrollo Humano S.C. es una organización mexicana perteneciente a Kabbalah Society. Se dedica, entre otras actividades, a difundir la Kabbalah Clásica de la tradición toledana bajo la tutela de Z'ev ben Shimón Halevi. La traducción que el lector tiene en sus manos es producto del trabajo de un grupo de estudiantes kabbalistas miembros de dicho centro. Para mayor información acerca de sus actividades o sobre el presente libro y otros, agradecemos se comunique al teléfono 01 777 317 08 31 o a nuestro correo electrónico kabclas@gmail.com Para mayor información, en el sitio www.kabbalahsociety.org usted encontrará todo lo relacionado con esta organización.

Esta obra se terminó de imprimir
en octubre de 2012, en los Talleres de

*IREMA, S.A. de C.V.
Oculistas No. 43, Col. Sifón
09400, Iztapalapa, D.F.*